Architekturführer
New York Manhattan

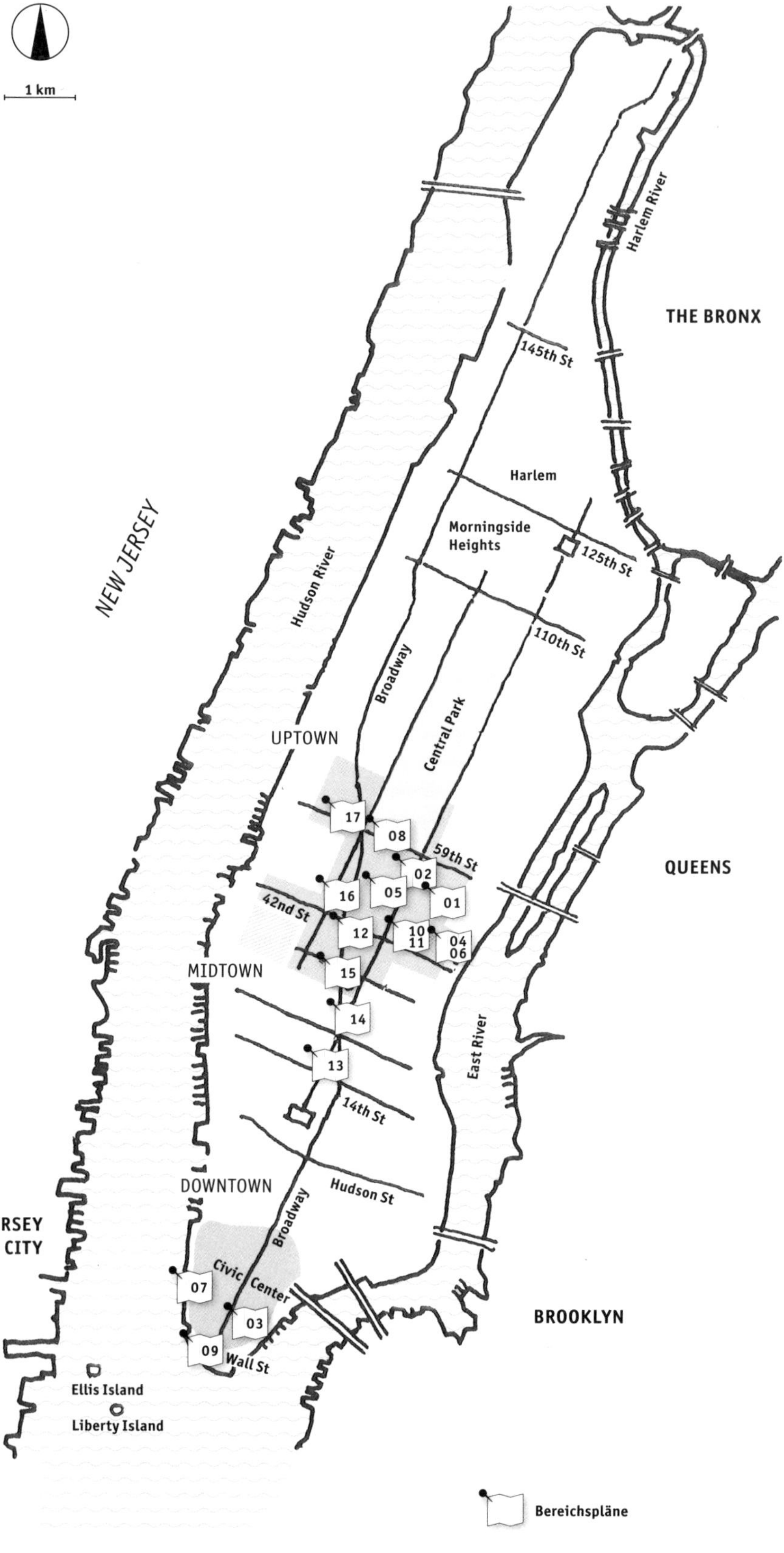

Manhattan: Übersichtsplan

Architekturführer
New York Manhattan

Bruno Flierl

DOM
publishers

»Hundertmal habe ich gedacht, New York ist eine Katastrophe, und fünfzigmal: Es ist eine wunderbare Katastrophe.«

Le Corbusier

Blick über die New York Bay

Manhattan
Brooklyn
Govenors Island

Blick auf Downtown Manhattan von Osten,
im Vordergrund Brooklyn, im Hintergrund Jersey City

Blick auf Midtown Manhattan von Westen

Blick auf den Central Park von Westen

Blick auf den Financial District

Inhalt

Entwicklung zur Hochhausstadt

Stadtgestalt und Stadtbild

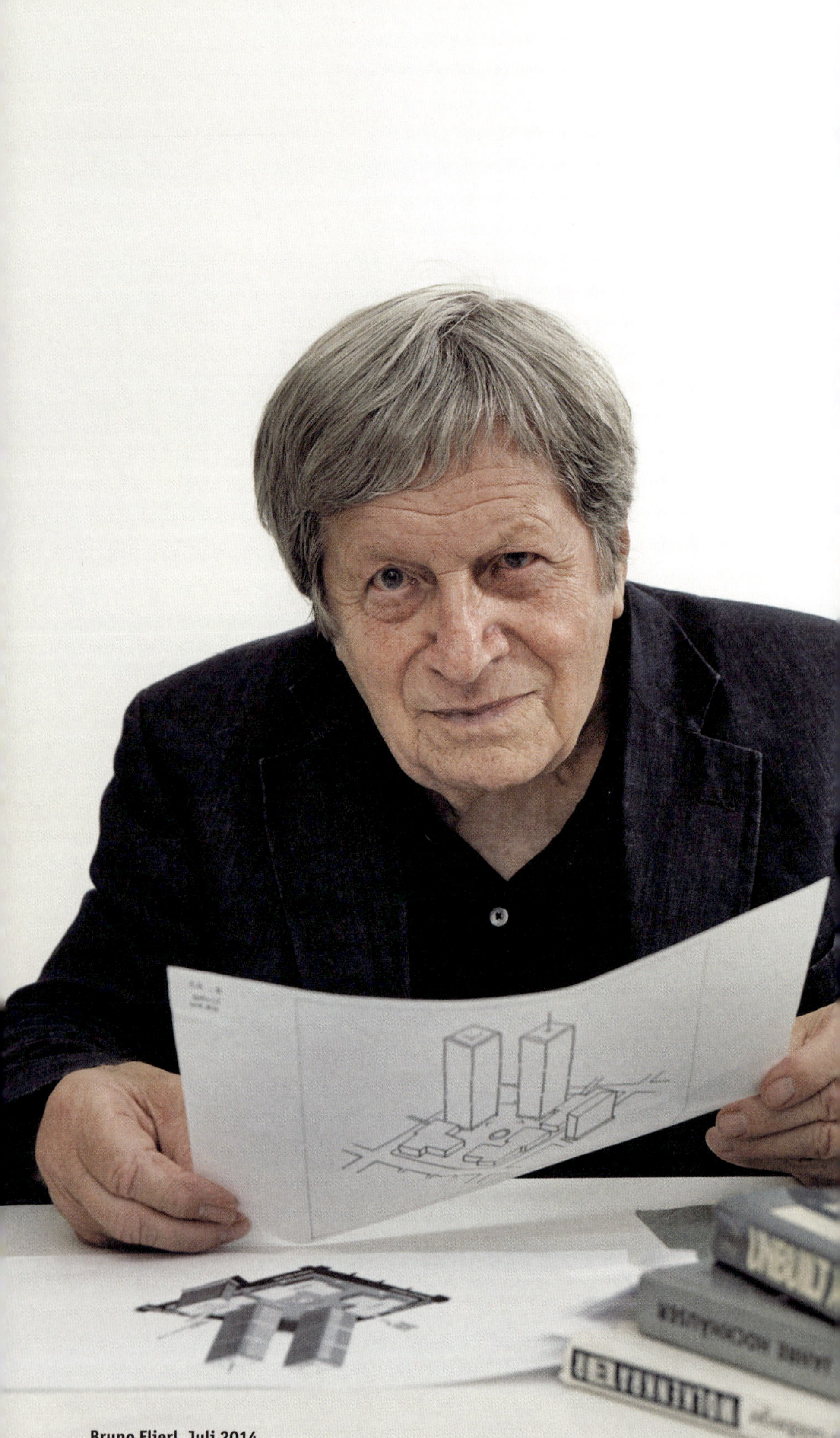

Bruno Flierl, Juli 2014

New York auf neue Weise entdecken

Bruno Flierl

Manhattan ist mein meist besuchter Ort in der Welt. Zum ersten Mal war ich dort Ende der Achtzigerjahre des vorigen Jahrhunderts, danach seit Anfang der folgenden Neunzigerjahre immer wieder als Architekturführer in Reisegruppen für Stadtinteressierte – im Wechsel mit Reisen in andere Hochhausstädte der Welt –, stets im Auftrag der Deutsch-Nordamerikanischen Gesellschaft, Berlin. Mein eigenes Interesse richtete sich dabei vordergründig auf die Beziehungen von Hochhaus und Stadt und erst danach auf die Hochhäuser selbst: funktionell, konstruktiv und gestalterisch. Mich interessierte primär, wer Hochhäuser für wen und gegen wen und wie in die Stadt hineinbaut und was sie also für die Bewohner und Besucher der Stadt praktisch wert sind und ideell bedeuten.

Meine andauernde kritische Liebe zu New York begann, als ich auf Einladung von Peter Marcuse, Professor für Stadtplanung an der New Yorker *Columbia University*, 1986 vier Wochen lang die Gelegenheit hatte, Manhattan täglich von früh bis spät gründlich zu entdecken. Weltstädte mit Hochhäusern hatte ich zuvor nur in Europa kennengelernt: Paris, London und auch Moskau. Jetzt aber war ich in der Welt-Hochhausstadt par exellence. Auch nachdem ich dann später in den USA noch andere Hochhausstädte wie etwa Chicago, San Francisco und Los Angeles gesehen hatte, blieb New York für mich bis heute die bedeutendste Hochhausstadt der USA. Ich empfehle sie nicht, schon gar nicht als Vorbild für europäische Städte, ich analysiere und beschreibe sie objektiv und kritisch, weil ich sie mir und anderen begreifbar machen möchte, nicht zuletzt auch, weil ich sie liebe, trotz allem, was gegen sie spricht.

Das letzte Mal war ich in New York im Oktober 2012, erneut als Architekturführer einer Reisegruppe, dieses Mal zusammen mit einem filmkundigen Freund, Jürgen Prange, und mit dem Vorsatz, diese einmalige Stadt in Fotografie und Film dokumentarisch festzuhalten. Das Ergebnis war eine von uns beiden produzierte DVD zum Thema *New York Manhattan. Eine städtebaulich-architektonische Charakteristik.* Der Verlag *DOM publishers* hatte die Idee, das auf diese Weise aufbereitete Material für die Publikation eines Architekturführers zu nutzen, ergänzt durch ein paar historische Stadtpläne und neue Stadtansichten.

Der hier vorgelegte Architekturführer ist anders als die für diese Stadt gewohnten Reiseführer mit ihren am Tourismus orientierten Informationen über berühmte Orte und Gebäude, Museen, Kulturangebote und städtische Events – er erübrigt sie eben deshalb jedoch keineswegs. Aber er bietet mehr als sie: Er offenbart historisch entstandene räumliche und funktionelle Beziehungen zwischen Architektur und Städtebau, vor allem zwischen Hochhaus und Stadt, wie sie wenigen bekannt sind, und trägt so dazu bei, besser zu verstehen, was zu sehen ist. Er ist eine Aufforderung, New York auf neue Weise zu entdecken.

Entwicklung zur Hochhausstadt

New York: State, City und Manhattan

Die Stadt New York, City of New York, ist mit über acht Millionen Einwohnern die bevölkerungsreichste Stadt der USA, aber nicht deren Hauptstadt. Das ist Washington. New York – über die New York Bay offen verbunden mit dem Atlantik – liegt an der Nordostküste der USA im Bundesstaat New York, dessen Hauptstadt Albany ist. Diese territorial-strukturell fixierte, relative Selbstständigkeit der Stadt New York ist eines ihrer prägenden Merkmale. New York City umfasst insgesamt fünf Stadtteile – Boroughs: Manhattan zwischen Hudson und East River, The Bronx im Norden, Queens und Brooklyn im Osten und Staten Island im Süden (▶ Umschlag-Innenseite).

Nieuw Amsterdam, 1660
Neuzeichnung von John Wolcott Adams and Isaac Newton Phelps Stokes, 1916

Die Besiedlung der Insel Manhattan begann 1626 mit der Gründung von *Nieuw Amsterdam* an der Südspitze der Insel durch die Holländer und deren Ausbau durch die Engländer ab 1664, die dem Ort schließlich den Namen *New York* gaben. An die kriegerischen Auseinandersetzungen zwischen Holländern und Engländern in dieser frühen Zeit erinnert heute noch der Name *Wall Street*, der sich von dem Schutzwall herleitet, den der holländische Gouverneur Peter Stuyvesandt gegen die Engländer errichten ließ, allerdings nur kurze Zeit mit Erfolg.

Nachdem sich mit der wirtschaftlichen Entwicklung New Yorks, vor allem seit der Gründung der Vereinigten Staaten 1776, die Besiedlung der Insel im 18. Jahrhundert Stück für Stück nach Norden hin erweitert hatte, erschien es der Stadtverwaltung dringend geboten, die künftige Stadtentwicklung durch einen einheitlichen Plan effektiv zu regulieren. So kam es zu dem 1811 beschlossenen *Commissioners' Plan*, einem orthogonalen Straßenraster mit längs zur Insel ausgerichteten *Avenues* und quer dazu angeordneten *Streets*, durch das sich schräg hindurch – in der Spur eines alten Indianerpfads – der heutige Broadway zieht. Ein praktikabler Plan, mit dessen Hilfe sich nicht nur der wachsende Verkehr, sondern in erster Linie auch der Erwerb und die Bebauung von Grundstücken optimal regeln ließen – über die ganze Breite der Insel einheitlich von der 14th Street bis zur Inselspitze im Norden (▶ Seite 18/19).

This Map of the
City of New York
and
Island of Manhattan
as laid out by the
Commissioners appointed by the Legislature
April 3d 1807 is Respectfully Dedicated to the
Mayor Aldermen and Commonalty thereof
By their most Obedient Servant
Wm. Bridges
City Surveyor
H U D S O N R
E A S T R I V E R
References
Manhattan Square
Observatory Place
Blackwell's Island
Hell Gate
Part of Long Island

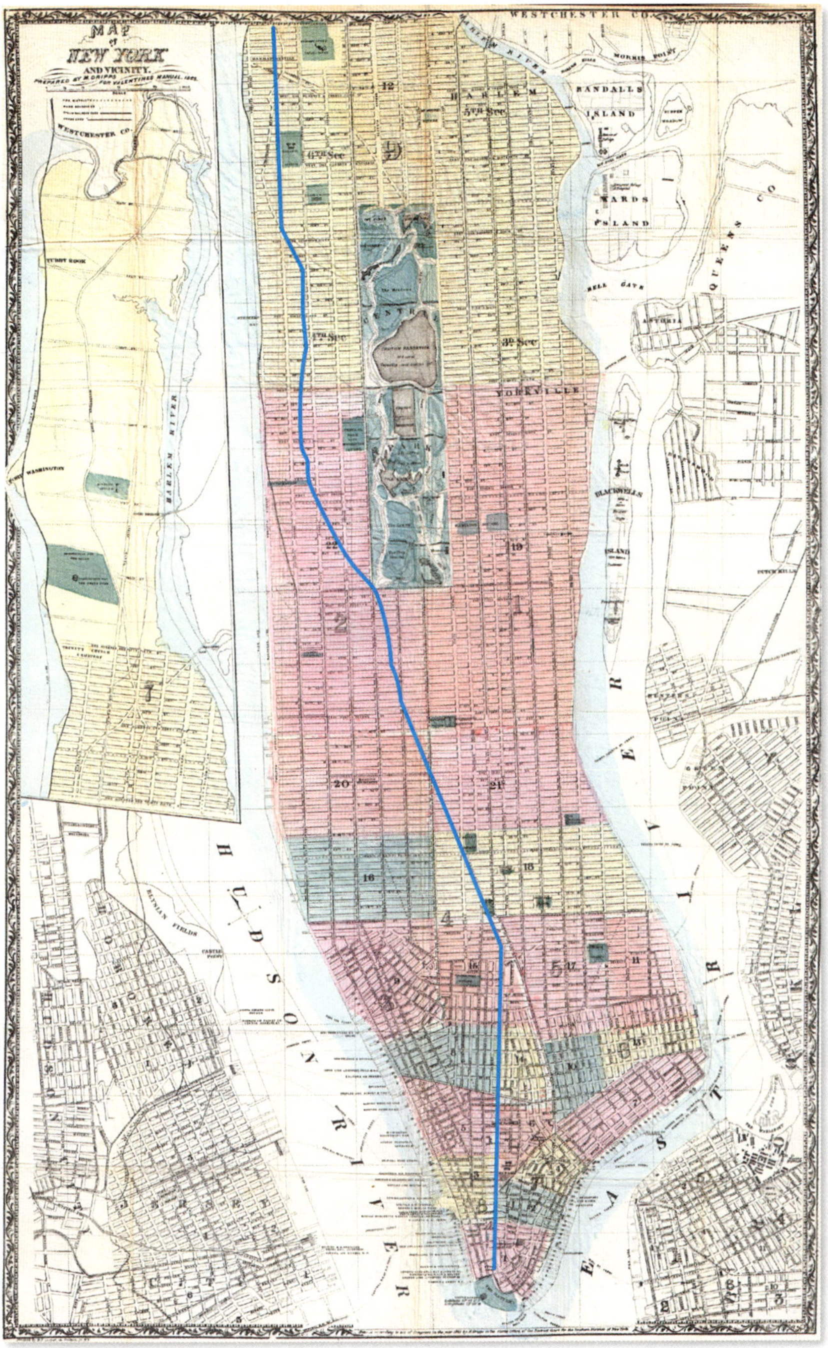

Manhattan mit dem
Central Park, 1865
Plan von Matthew Dripps

Einzeichnung Broadway: Bruno Flierl

Commissioners' Plan, 1811
Version von William Bridges

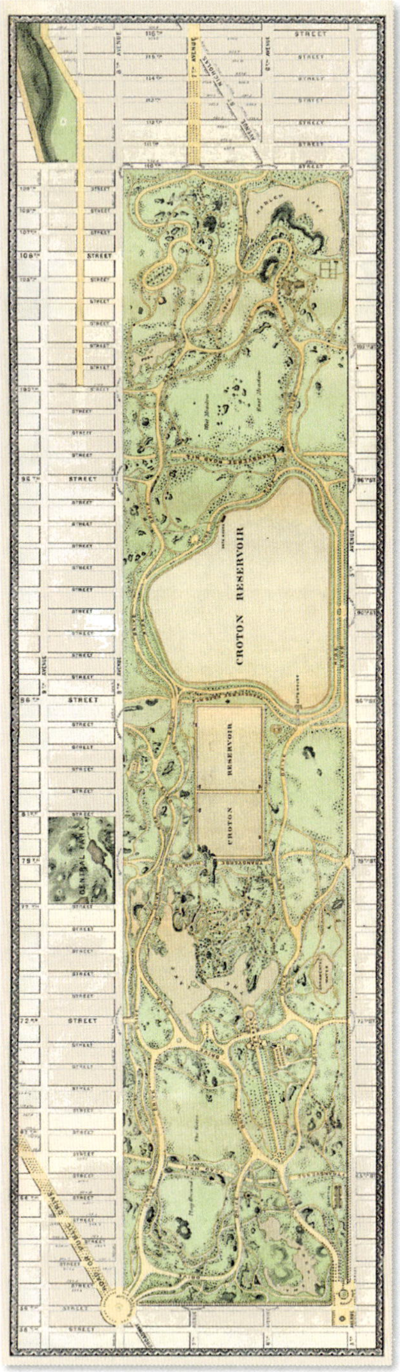

Central Park, 1870
Version des originalen *Greensward Plans* von Calvert Vaux und Frederic Law Olmsted, 1865

Als die danach in Gang gekommene Stadtentwicklung bis etwa zur Mitte der langen Insel fortgeschritten war, erschien es den Planern jedoch ratsam – nicht zuletzt mit Blick auf Europa und den dort aufgekommenen Drang nach großen Stadtparks – bei der weiteren Bebauung der mehr als 20 Kilometer langen und weniger als vier Kilometer breiten Insel die Natur nicht gänzlich zum Verschwinden zu bringen. So entstand nach dem 1865 ausgearbeiteten *Greensward Plan* von Frederic Law Olmsted und Calvert Vaux der Central Park mit einer Breite von über 800 Metern zwischen der Fifth und Eighth Avenue und einer Länge von 4.000 Metern zwischen der 59th und 110th Street – als *grüne Lunge* der Stadt.

Die heutige Hochhausstadt New York entwickelte sich im Wesentlichen im Stadtteil Manhattan, der sich gliedert:

- **in Downtown mit Financial District und Civic Center** von der Südspitze nach Norden bis zur 14th Street, auch Lower Manhattan genannt,
- sodann in **Midtown** von der 14th bis zur 59th Street sowie nördlich davon
- in **Uptown**, differenziert in Upper Westside und Upper Eastside, weiterführend zu den Stadtbereichen der **Morningside Heights** und von **Harlem** – bis hinauf zur Inselspitze nach **Upper Manhattan**.

Die für New York Manhattan charakteristischen Hochhauskomplexe – als kompakte stadtgroße Cluster – entstanden an der Südspitze der Insel im Financial District und im Civic Center von Downtown sowie in Midtown nördlich der 32nd Street. Zwischen diesen beiden Hochhausbergen von Manhattan liegen wie in einem Tal, im Valley, mehrgeschossige Stadtgebiete von China Town bis Greenwich Village. Die Gewinnung von notwendigem Bauland führte seit 1776 immer wieder zu Aufschüttungen an den Ufern, vor allem an der Inselspitze. Bei der letzten in den Achtzigerjahren des 19. Jahrhunderts entstand die Battery Park City und das World Financial Center. Neuerdings wird erwogen, die bislang niedriger bebauten westlichen Bereiche von Midtown, vor allem die Hudson Yards, als Development Area für den Hochhausbau freizugeben.

Bauepochen und Aufschüttungen an der Südspitze der Insel Manhattan ab 1776

Quelle: Bruno Flierl, Hundert Jahre Hochhäuser. Hochhaus und Stadt im 20. Jahrhundert, Berlin 2000.

Wesentlich für das Funktionieren des Lebens der Weltstadt New York ist die **Bewältigung des Verkehrs** innerhalb der Stadt mit ihren fünf Boroughs und besonders Manhattans im regionalen, nationalen und internationalen Beziehungsfeld des Straßen-, Schienen- und Flugverkehrs:

- Für den Straßenverkehr gibt es nach Queens und Brooklyn mehrere Brücken über den East River, ebenso über den Harlem River zur Bronx. Im Gegensatz dazu ist New Jersey nur durch eine Brücke über den Hudson River zu erreichen: über die weit im Norden gelegene George Washington Bridge. Unterirdische Straßentunnels gibt es von und nach Manhattan beiderseitig: einmal unter dem East River den Queens Midtown Tunnel und den Brooklyn Battery Tunnel, zum anderen unter dem Hudson River den Lincoln Tunnel und den Holland Tunnel; durch sie geht auch der Straßenverkehr zu den Flughäfen *LaGuardia* und *John F. Kennedy* im Osten von New York wie auch nach Newark jenseits des Hudson Rivers im Westen. Der Bus-Fernverkehr von New Jersey erreicht den Port Authority Terminal an der Ecke 42nd Street und Eighth Avenue über den Holland Tunnel.
- Für den Schienenverkehr gibt es die Subway und die Rail Road. Über die Subway steht Manhattan mit der Bronx sowie mit Queens und Brooklyn mehrfach, nicht aber mit New Jersey in Verbindung. Für den Eisenbahn- und Regionalverkehr nach und von Norden gibt es die unter der Park Avenue North geführte Trasse von und zu dem Grand Central Terminal; für den Ost-West-Eisenbahn-Nah- und Fernverkehr ist die Pennsylvania Station mit den Penn Central Tunnels unter dem Hudson und East River vorgesehen.
- Wer ohne Auto, Subway und Rail Road Ziele seiner Lebenstätigkeit im Großraum New York City und in New Jersey über die Manhattan begrenzenden Flüsse hinweg erreichen will – und das wollen nicht nur Touristen, die nach Ellis Island und Liberty Island gelangen wollen, sondern das müssen täglich tausende Arbeitnehmer, vor allem die aus Staten Island – der ist auf den Fährverkehr angewiesen. (▶ Seite 22/23)

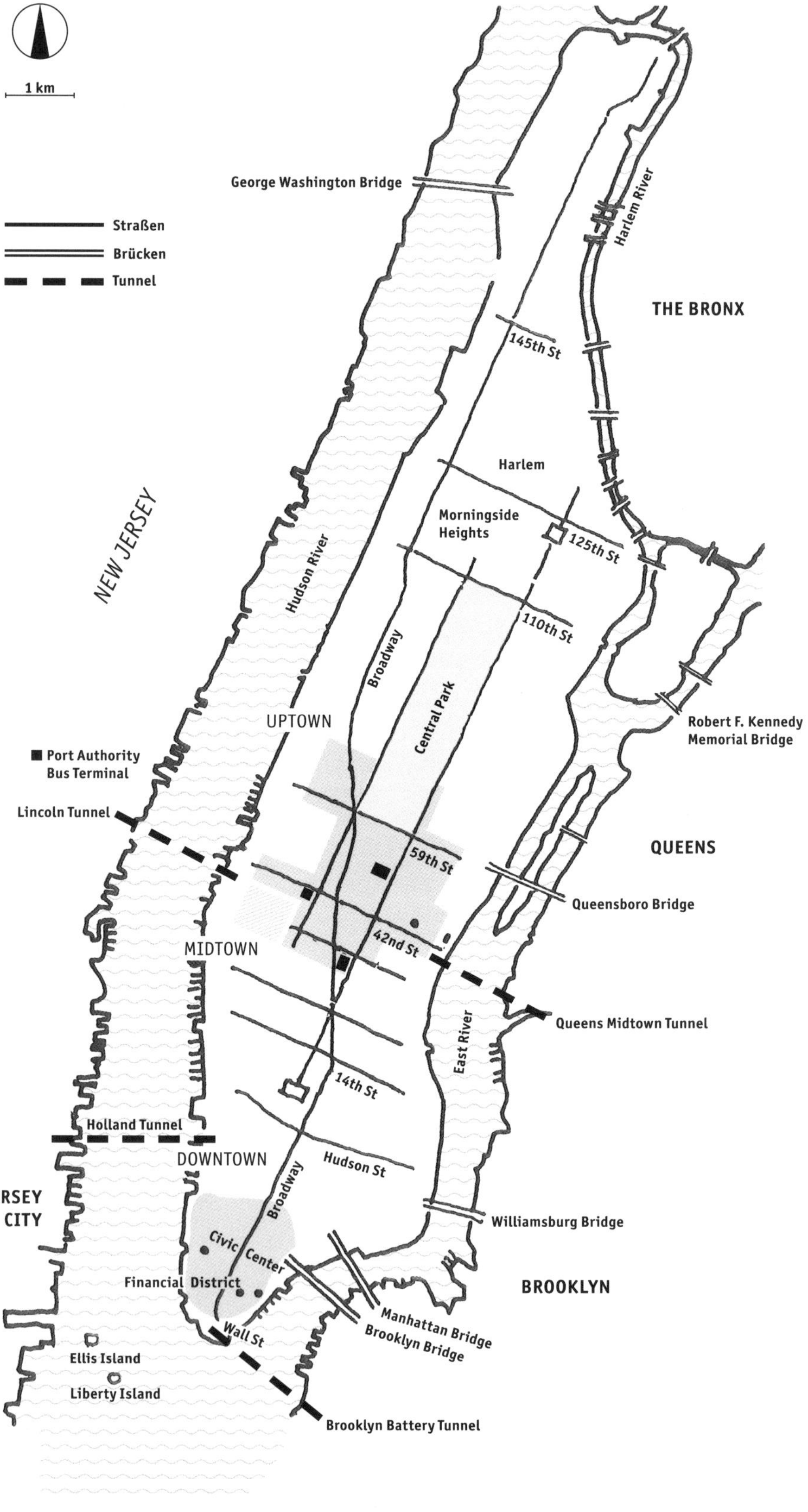

Manhattan: Stadtstruktur und Straßenverkehr

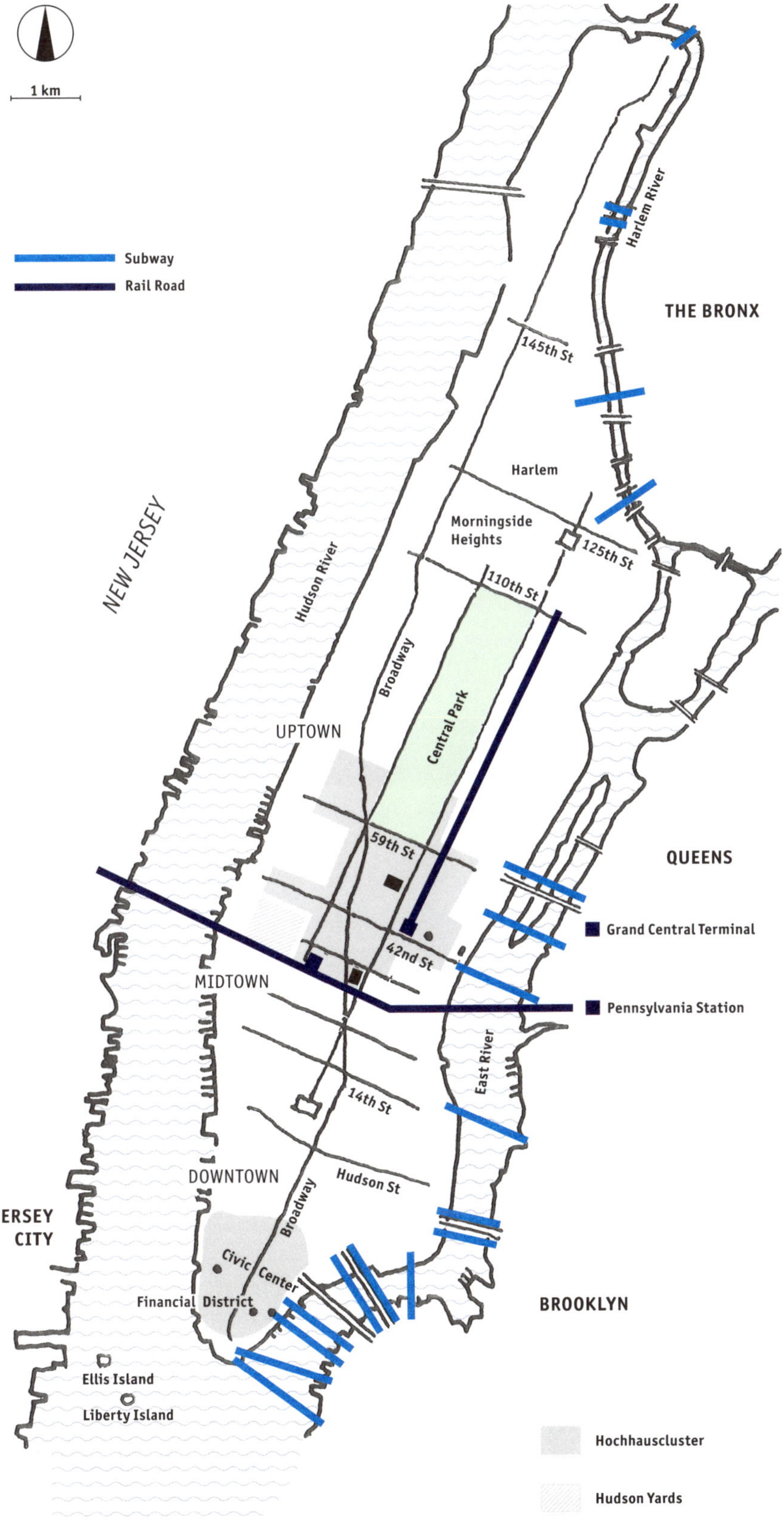

Manhattan: Stadtstruktur und Schienenverkehr

Hochhäuser und Stadtentwicklung von Manhattan seit 1900

Drang in die Höhe – in Schüben und in Konkurrenz

Die ersten Hochhäuser – höher als 50 bis 60 Meter – entstanden in den Siebzigerjahren des 19. Jahrhunderts. Das erste Hochhaus von über 100 Metern Höhe, das Park Row Building in Lower Manhattan, wurde im Jahr 1900 gebaut. Es übertrumpfte damit die 1888 fertiggestellten Türme der St. Patrick's Cathedral in der Fifth Avenue in Midtown. Seitdem verlief die bauliche Darstellung irdischer Werte konkurrierender Bauherren und Architekten im Kampf um das höchste Bauwerk als Zeichen ihrer Bedeutung und Macht in der Gesellschaft des Industrie- und Finanzkapitals in Manhattan in drei Etappen – und zwar: von 1900 bis 1916, von 1928 bis 1940 und von 1950 bis heute, unterbrochen allein durch Investitionsmangel in Wirtschaftskrisen und in den zwei Weltkriegen des 20. Jahrhunderts – noch dazu in steter Konkurrenz zwischen Midtown und Downtown innerhalb von New York City und mit anderen Städten in den USA, vor allem mit Chicago.

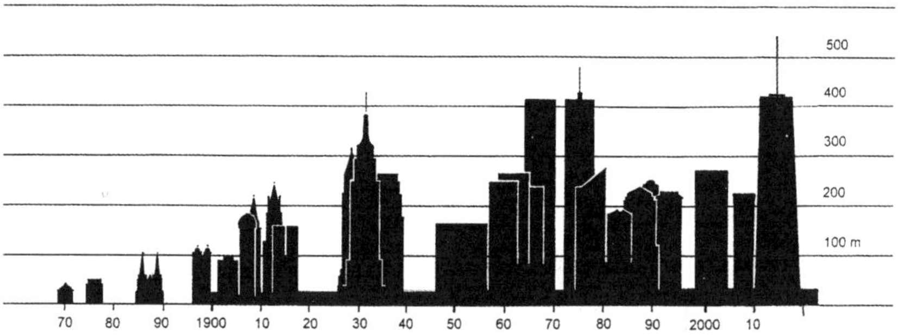

Hochhausentwicklung in New York von 1870 bis heute

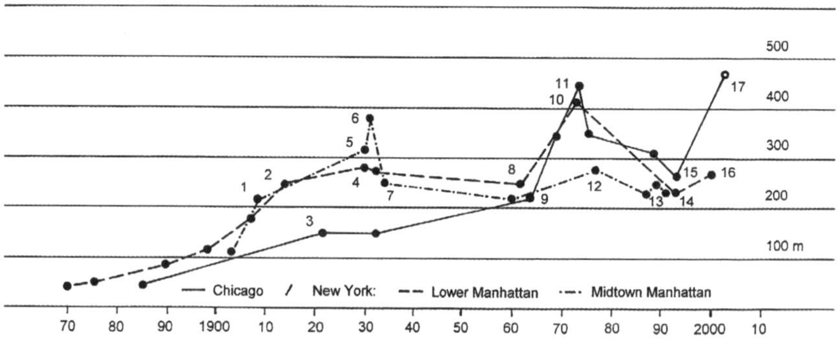

Quelle: Bruno Flierl, Hundert Jahre Hochhäuser. Hochhaus und Stadt im 20. Jahrhundert, Berlin 2000.

1 Metropolitan Life Tower, NY
2 Woolworth Building, NY
3 Wrigley Building, CH
4 40 Wall Street, NY
5 Chrysler Building, NY
6 Empire State Building, NY
7 Rockefeller Center, NY
8 Chase Manhattan, NY
9 Marina City, CH
10 World Trade Center, NY
11 Sears Tower, CH
12 Citicorp Center, NY
13 City Spire, NY
14 60 Wall Street, NY
15 311 South Wacker, CH
16 Trump World Tower, NY
17 South Dearborn, CH geplant, nicht gebaut

Höhenkonkurrenz in New York und mit Chicago

St. Patrick's Cathedral an der Fifth Avenue

... an der Madison Avenue, 1888

Park Row Building, 1900

Zum ersten Mal brach diese Konkurrenz in New York um 1930 auf, als das ehemalige Bank of Manhattan Building in Downtown – heute als 40 Wall Street bekannt – höher und eher als der Turm des Chrysler Buildings in der 42nd Street in Midtown in den Himmel ragen sollte, knapp 300 Meter hoch. Aber William van Alen, der Architekt des Chrysler Buildings, ließ sich nicht beirren und setzte seinem Gebäude, kurz nach der Fertigstellung des Downtown-Wolkenkratzers, eine bereits insgeheim schon vorgefertigte Turmspitze oben auf und »siegte« mit 319 Metern. Das allerdings dauerte nur ein Jahr, bis nämlich das Empire State Building in New York mit 381 Metern zum höchsten Wolkenkratzer der Stadt und der Welt aufgestiegen war. Diesen Ruhm behielt es bis zum Bau der über 400 Meter hohen Twin Towers des World Trade Centers 1972 im Financial District, bis diese schon zwei Jahre später vom Sears Tower in Chicago – inzwischen Willis Tower genannt – mit 442 Metern getoppt wurden. Seitdem sind höhere Gebäude nur noch andernorts in der Welt, nicht mehr in den Vereinigten Staaten gebaut worden, zumal das ehrgeizige Projekt von 1999 in Chicago, 7 South Dearborn Street, mit 472 Metern Höhe den höchsten Turm der Welt zu bauen, nicht realisiert werden konnte. Die höchsten Türme stehen heute in Mittel- und Ostasien sowie im Mittleren Orient: in Kuala Lumpur (Malaysia), in Shanghai (China) und in Dubai (VAE). Angespornt dadurch geht der Konkurrenzkampf um das höchste Hochhaus in der Welt weiter.

40 Wall Street

Skyline von Chicago mit dem Sears Tower im Blick vom Lake Michigan im Jahr 2000

Chrysler Building, 42nd Street

Empire State Building, Fifth Avenue

Skyline von Manhattan mit den Twin Towers des ehemaligen World Trade Centers im Blick vom Hudson River im Jahr 2000

Verdichtung: vom Solitär zum Cluster

In den ersten beiden Etappen der Hochhausentwicklung fungierten Hochhäuser – nach dem traditionellen Bild europäischer Städte – als Solitäre, weithin sichtbar und bedeutsam in der Stadt, nicht nur in der Wahrnehmung von außen, sondern in erster Linie auch von innen. Das war so in Midtown und in Downtown. Nach dem Zweiten Weltkrieg – Ergebnis gewachsener ökonomischer Potenz – führte die stets zunehmende Verdichtung des Hochhausbaus in Manhattan, nicht zuletzt aus Mangel an geeigneten Baugrundstücken, zur Herausbildung von Hochhausclustern und damit zur visuellen Verdeckung einst freistehender Hochhaussolitäre wie auch zur Auffüllung bereits entstandener Cluster – immer mehr in Form von Mixed Use Towers mit Büro-, Hotel- und Wohnfunktionen, neuerdings oft nur als Wohnhochhäuser. Diesen Übergang vom Solitär zum Cluster zeigt in New York am eindrucksvollsten der Vergleich der Skylines von Midtown und Downtown um 1930 und heute. Dabei wird deutlich: Im Unterschied zum Hochhaussolitär oder zur geplanten Hochhausgruppe – Hochhausensemble – entsteht der Hochhauscluster frei von übergeordneter Komposition, allein im Happening der für den Kapitalismus typischen Rivalität als Kampf aller gegen alle um die für jeden vorteilhafteste Lage, größte Höhe und attraktivste Gestalt eigennütziger baulicher Verwirklichung: als das ständig sich wandelnde Konglomerat gebauter Vertikalen: Bau und Bild konkurrierender Kapitale, Realität und Metapher zugleich.

Die Folge einer solch überaus dichten Bebauung ist ein Verlust an städtischem Lebensraum sowie an innerstädtischem Wahrnehmungsraum, weil die neuen Hochhäuser die alten verdecken. So sind die in den Dreißigerjahren errichteten Turmhochhäuser von Midtown und Downtown oft nur noch an ihren Spitzen zu erkennen, innerhalb und außerhalb der Stadt.

Höhenvergleich Manhattan

Midtown

1930

heute

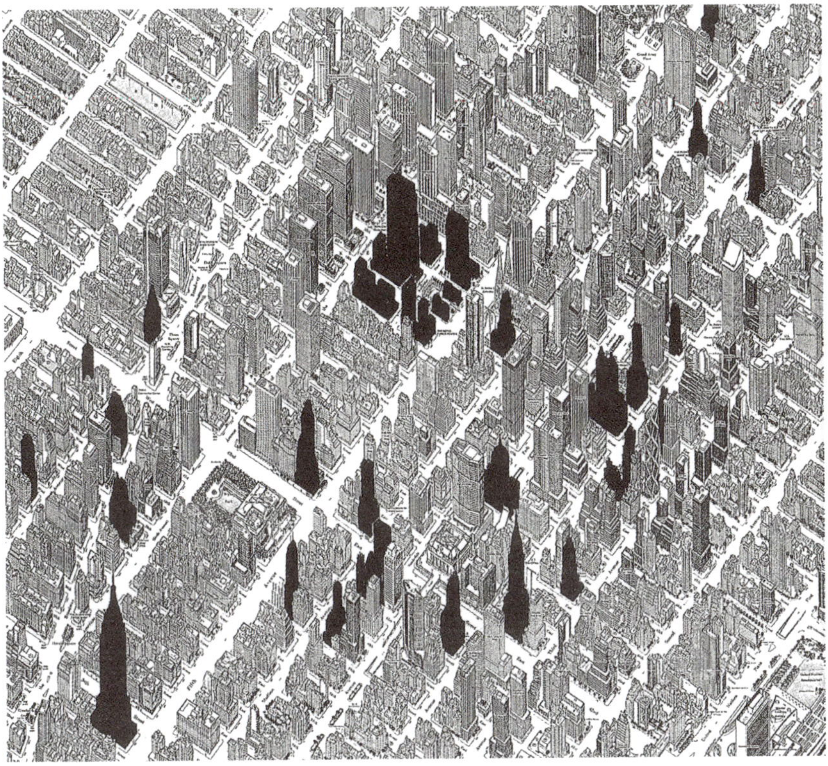

Hochhaus und Stadt im 20. Jahrhundert, Berlin 2000.

Höhenvergleich in Midtown um 1930 (schwarz eingezeichnet) und heute

Downtown

1930

Quelle: Bruno Flierl, Hundert Jahre Hochhäuser. Hochhaus und Stadt im 20. Jahrhundert, Berlin 2000.

heute

Kontrolle und Begünstigung der Hochhaushöhe

Gegen einen unkontrollierten dichten Wildwuchs der Hochhäuser richtete sich – ausgelöst durch das 1915 errichtete Equitable Building im Financial District, 100 Broadway – die ein Jahr danach erlassene Bauordnung *Zoning Ordinance*, die nicht nur vorschrieb, an welchen Straßen Hochhäuser für Wohnungen, Büros und Dienstleistungen gebaut werden durften und an welchen nicht, sondern vor allem, dass Hochhäuser ab einer Höhe von 30 Metern mit Setbacks (Rücksprüngen) zu versehen seien, um eine Mindestbelichtung der Straßen und gegenüberliegenden Gebäude zu sichern, wie das Louis Henry Sullivan in weiser Voraussicht bereits 1891, allerdings ohne praktischen Erfolg, vorgeschlagen hatte. Seit dieser Verordnung von 1916 sind die für Manhattan typischen Hochhäuser mit Setbacks entstanden. Zu den berühmtesten gehören das vom Architekturbüro Rapp and Rapp entworfene Paramount Building am Times Square von 1927, 113 Meter hoch, und das von Shreve, Lamb and Harmon, den Architekten des Empire State Buildings, entworfene Gebäude an der Ecke der Fith Avenue und 42nd Street aus dem Jahr 1931, bezeichnet als 500 Fifth Avenue – ein geradezu klassischer Setback-Bau.

Quelle: Bruno Flierl, Hundert Jahre Hochhäuser.

Equitable Building, 1915

Equitable Building heute

Quelle: Bruno Flierl, Hundert Jahre Hochhäuser. Hochhaus und Stadt im 20. Jahrhundert, Berlin 2000.

Louis H. Sullivan: Modell Hochhausstadt, 1891

Paramount Building, 1927

Setback-Hochhaus
500 Fifth Avenue, 1931

Erst in den Sechziger- und Siebzigerjahren des vergangenen Jahrhunderts wurden einschneidende neue Bauordnungen erlassen, die für die erlaubte Bebauungshöhe nicht nur Geschossflächenzahlen, *Floor Area Ratios* (FAR), als Restriktionen festlegten, sondern auch bonuswürdige Anreize zur Erhöhung der Hochhäuser in Aussicht stellten. Danach durfte höher bauen, wer auf dem eigenen Grundstück öffentliche Annehmlichkeiten, *amenities*, schafft wie zum Beispiel Blockdurchgänge und Passagen, die Anlage eines Subway-Zugangs ermöglicht oder die Luftrechte des Nachbarn erwirbt, der dann unter seiner erlaubten Höhe bleiben muss, vor allem immer dann, wenn es darum ging, ein denkmalwürdiges Bauwerk auf dem Grundstück bewahren zu helfen. Dieser privat-öffentliche Handel um die Bebauungshöhe und Nutzung von Baugrundstücken hat seit den Sechzigerjahren in Manhattan – so merkwürdig dies auch erscheint – nicht nur zur generellen Erhöhung des Hochhausbaus, sondern auch zur Verlebendigung der Stadt in der Fußgängerebene geführt.

Turmhochhaus Citigroup Center (links)

Dafür gibt es beachtliche Beispiele sowohl in Midtown als auch in Downtown:

- So konnte der in **Midtown** 1977 nach dem Projekt von Hugh Stubbins errichtete Turm des Citigroup Centers an der Lexington Avenue zwischen 53rd und 54th Street 279 Meter hoch werden, weil seine Höhe durch die Anlage eines Subway-Zugangs und den Neubau einer zuvor dort befindlichen alten Kirche auf dem Grundstück erkauft wurde, was dadurch gelang, dass der über Kirche und Subway-Zugang errichtete quadratische Hochhausturm an seinen Ecken beide Orte frei überkragt, weil er seine tragenden Stützen an den Quadratseiten zugewiesen erhielt.

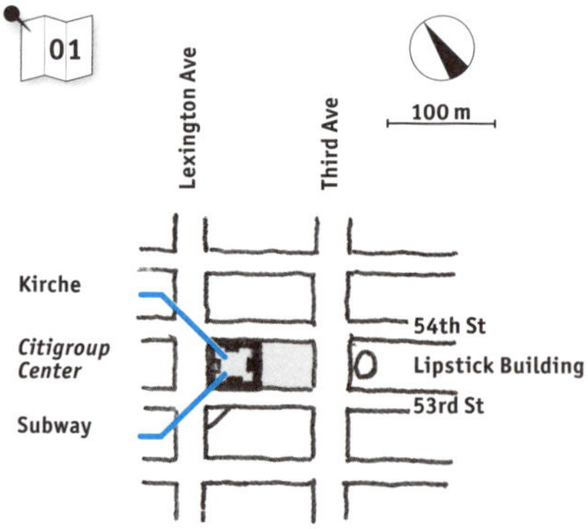

Lageplan des Citigroup Centers

Überbauung einer denkmalwürdigen Kirche durch das Citgroup Center, im Hintergrund: das Lipstick Building an der Third Avenue

Überbauung eines Subway-Eingangs durch das Citigroup Center

- Ein anderes Beispiel für diese Methode, einen Höhenbonus zu erwerben, ist in **Midtown** die Blockdurchwegung von der Fifth Avenue zur Madison Avenue, wie sie 1983 mit dem darauf abgestimmten Bau des Trump Towers, 203 Meter hoch, und des IBM Buildings (heute 590 Madison Avenue), ebenso hoch, realisiert wurde, quasi als ein zusammenhängender öffentlicher Stadtinnenraum zwischen zwei Straßen innerhalb von Gebäuden. So unterschiedlich Funktion und Gestaltung beider Stadtinnenräume sind – der Trump Tower als Marmorpalast mit Wasserfall und Oberlicht, das gläserne Gewächshaus des IBM Buildings mit Blick auf die Gebäude ringsum – beide sind miteinander verbundene Teile einer *block through passage* von Straße zu Straße mit hoher Aufenthaltsqualität. Ohne Eintrittspreise, aber natürlich mit unterschiedlichen Preisen beim Verzehr von Speisen und Getränken. Ein Stück Stadt in Gebäuden. Für die Bauherren zum Vorteil eigener Selbstdarstellung und eben mit dem Bonus, höher als nach der FAR erlaubt zu bauen. Architekt des Trump Towers war Der Scutt vom Büro Swanke Hayden Connell, der des IBM Buildings Edward Larrabee Barnes.

Trump Tower, 1983

Eingang zum Trump Tower

Wintergarten des IBM Buildings – von außen

Wintergarten des IBM Buildings – von innen

Rolltreppe im Trump Tower

Wand-Wasserfall im Trump Tower

Restaurant im Trump Tower

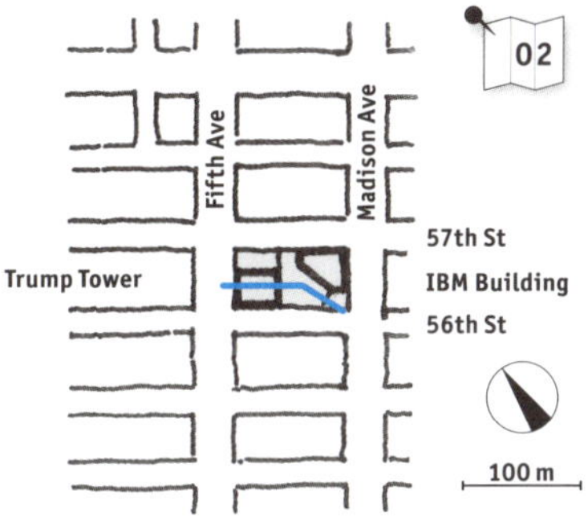

Durchwegung des Straßenblocks

Wintergarten des IBM Buildings – von innen

- Ein analoges Beispiel für eine solche Blockdurchwegung von Straße zu Straße ist im Financial District in **Downtown** der nach dem Projekt von Kevin Roche und John Dinkeloo 1989 gebaute Turm der Morgan Bank, 60 Wall Street, mit einer Höhe von 227 Metern, die mit der Anlage eines öffentlich nutzbaren Durchgangs zur Pine Street und eines Subway-Zugangs für die Linien 2 und 3 möglich wurde.

- Luftrecht-Käufe, kombiniert mit Denkmalschutz nahe gelegener alter Bausubstanz, machten es in Manhattan auch anderswo möglich, höher als nach der vorgegebenen FAR zu bauen, so auch beim Bau des 262 Meter hohen Trump World Towers 2001 an der First Avenue neben der Church of the Holy Family in der 47th Street – in absichtsvoller visueller Konkurrenz zum Gebäude der UNO.

Einstiger Morgan Bank Tower, 60 Wall Street

Durchwegung des Straßenblocks

Eingang 60 Wall Street

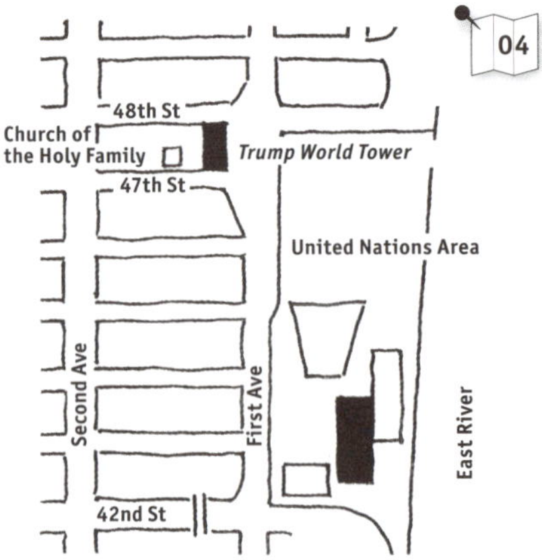

Lageplan des Trump World Towers

Der überschlanke Trump World Tower

60 Wall Street, öffentlicher Durchgang zur Pine Street

Subway-Eingang im Durchgang der 60 Wall Street

Trump World Tower in Konkurrenz zum UN-Gebäude

Hochhausensembles

Geplante Hochhausensembles waren und sind in New York Manhattan immer nur dann möglich gewesen, wenn Hochhäuser auf dem gemeinsamen Grund und Boden eines Bauherren, mit seiner Finanzierung und nach einem von ihm in Auftrag gegebenen städtebaulich-architektonischen Projekt – zumeist auf einem von Straßen begrenzten Areal der Stadt – realisiert werden konnten. In Manhattan gibt es vier solcher Ensembles: zwei in Midtown, das Rockefeller Center und das Hauptquartier der Vereinten Nationen, und zwei im Financial District in Downtown, das einstige World Trade Center und das World Financial Center. Auch das neue World Trade Center ist ein Ensemble.

Hauptgebäude des Rockefeller Centers

- Das in **Midtown** von John D. Rockefeller junior, dem einst reichsten Mann der USA, nach Entwürfen von Raymond Hood von 1932 bis 1940 gebaute Rockefeller Center zwischen der Fifth und Sixth Avenue von der 48th bis zur 51st Street mit seinen drei dominanten Bürohochhausscheiben von bis zu 259 Metern Höhe und seinem öffentlichen Stadtinnenraum mit Eisbahn und Zugang zu attraktiven kulturellen Einrichtungen ist das älteste und noch immer das meist besuchte der geplanten Hochhausensembles in Manhattan.

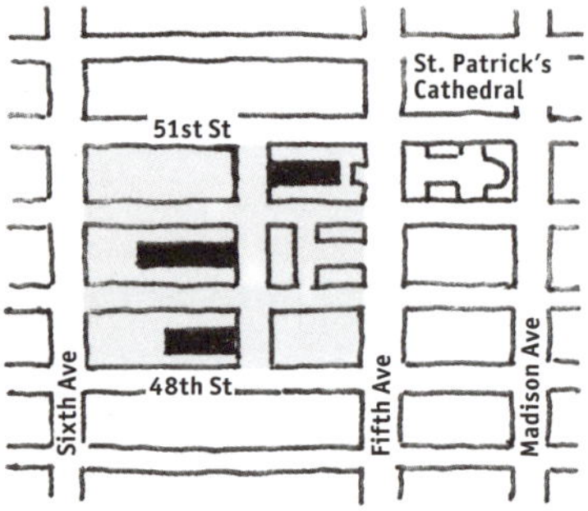

05

Lageplan des Rockefeller Centers

- Derselbe John D. Rockefeller junior stellte nach dem Zweiten Weltkrieg nördlich der 42nd Street zwischen First Avenue und East River ein Areal für die bauliche Niederlassung der Vereinten Nationen zur Verfügung: ein Ensemble aus drei horizontal gelagerten Baukörpern für die Generalversammlung, für Konferenzen und für die Bibliothek sowie eine breite, 174 Meter hohe, vertikal gerichtete Hochhausscheibe für das UN-Sekretariat, projektiert unter der Leitung von Wallace K. Harrison bei Beteiligung ausländischer Architekten wie Le Corbusier und Oscar Niemeyer, gebaut in den Jahren 1946 bis 1952.

UN-Sekretariatsgebäude

Eislaufbahn im Rockefeller Center

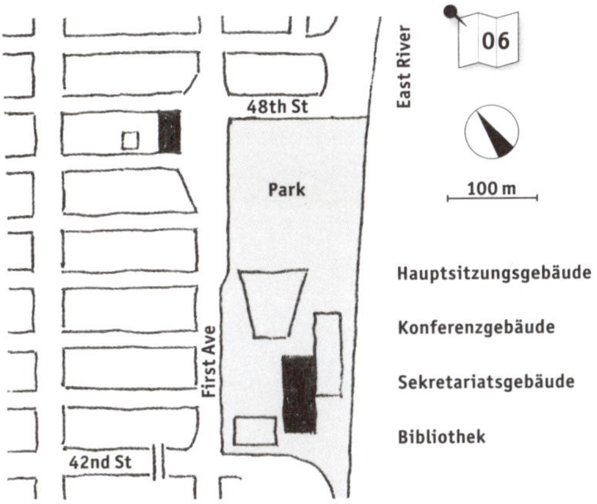

Lageplan des UN-Hauptquartiers

UN-Hauptsitzungsgebäude

- Das Ensemble des World Trade Centers mit seinen überaus schlanken, quadratischen Twin Towers von über 400 Metern Höhe und der zu ihren Füßen liegenden Plaza auf einem Areal des Financial Districts in Downtown zwischen West und Church Street, Vesey und Liberty Street war vor allem in der Höhe in der Skyline von Manhattan dominant wirksam, aber auf Straßenebene wenig aktiv in das Leben der Stadt einbezogen, ja geradezu isoliert platziert. Bauherr war die Port Authority of New York, der Entwurf stammte von Minoru Yamasaki, errichtet wurde das Ensemble von 1968 bis 1973.

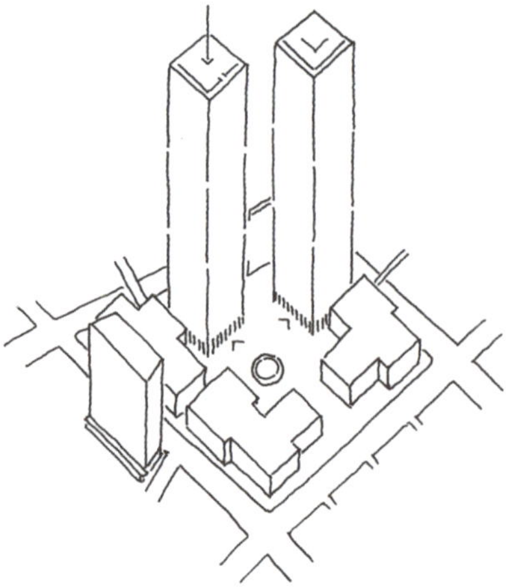

Die Twin Towers des World Trade Centers

Esplanade des World Financial Centers mit Blick über den Hudson River nach Jersey City

- Im Unterschied zum World Trade Center war das 1988 im Auftrag der Finanzinstitution Meryll Lynch nach dem Projekt von Cesar Pelli entstandene Ensemble des World Financial Centers mit seinen fünf bis zu 225 Meter hohen Türmen auf einem durch Aufschüttung künstlich entstandenen Areal zwischen West Street und Hudson River – also gegenüber dem World Trade Center als Teil der sogenannten Battery Park City – von Beginn an ein Magnet für stadtöffentlichen Gebrauch, nicht zuletzt durch seine Esplanade entlang des Hudson Rivers und seinen prachtvollen Wintergarten.

Auch das jetzt neu entstehende World Trade Center am selben Ort des am 11. September 2001 durch einen islamistischen Terrorakt zerstörten alten World Trade Centers – am Ground Zero, wie der Ort danach genannt wurde – ist wiederum ein Hochhausensemble.

Wintergarten des World Financial Centers

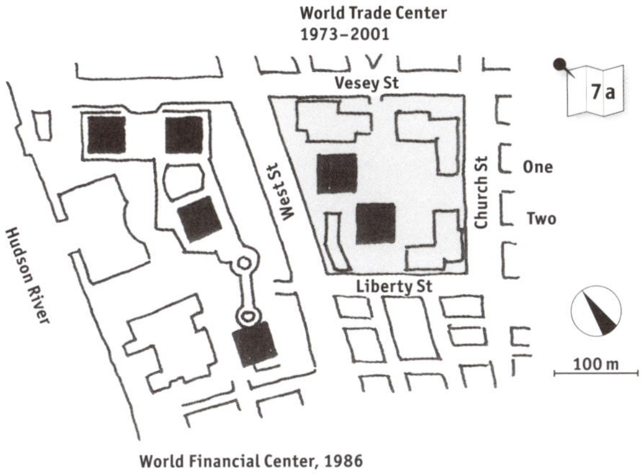

Lageplan des alten World Trade Centers und des World Financial Centers

World Financial Center mit Wintergarten und Jachthafen

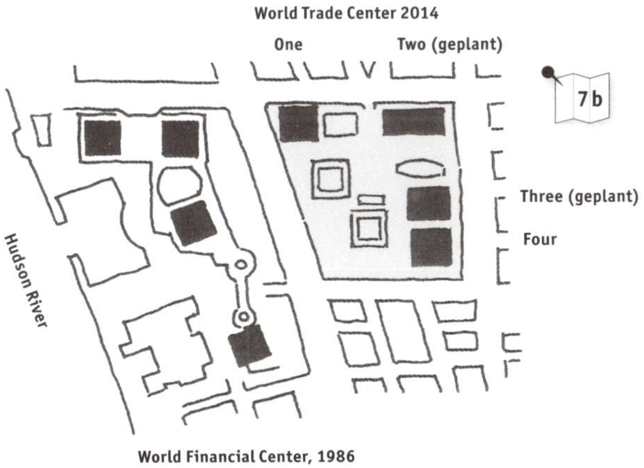

Lageplan des neuen World Trade Centers und des World Financial Centers

Die brennenden Türme des alten World Trade Centers am 11. September 2001

Blick vom Empire State Building auf Manhattan vor dem Nine Eleven

Blick nach dem Nine Eleven

Das Desaster des Nine Eleven

Die Zerstörung der Twin Towers des World Trade Centers in New York am 11. September 2001 riss nicht nur eine Lücke in die Skyline von Manhattan, sie riss vor allem eine tiefe Wunde in das US-amerikanische Selbstvertrauen von der Unverletzbarkeit des eigenen Territoriums.

Viel größer als der materielle Schaden war der symbolische. Obwohl das World Trade Center keineswegs der Sitz der die Welt beherrschenden Wirtschaftsinstitutionen der USA war, so galt es sehr wohl als dieser: mit anmaßendem Stolz im Inland und mit Hass bei Feinden der USA im Ausland.

Unabhängig von den politischen Hintergründen der barbarischen Tat und ihren Folgen muss verstanden werden, was die Zerstörung der Twin Towers des World Trade Centers im Stadtbild von Manhattan tatsächlich angerichtet hat. Allein die bloße Abwesenheit beider Türme war zweifellos ein Verlust ohne Gleichen: Denn der Skyline von Downtown Manhattan fehlte seitdem die Krone dieses Hochhausclusters. Das war nicht nur ein Schaden im Stadtbild von New York, sondern eine Beschädigung des Ansehens der USA.

Eben deshalb galt es, den entstandenen Schaden wenigstens symbolisch wieder zu beseitigen.

Blick vom Hudson River vor dem Nine Eleven

Blick nach dem Nine Eleven

Kein Wunder, wenn die US-Regierung unter der Präsidentschaft von George W. Bush und die Stadt New York alles daran setzten, nicht nur einen architektonischen Ausgleich für den eingetretenen Verlust zu schaffen, sondern noch eindrucksvoller und noch höher als zuvor zu bauen, um nicht nur dem militanten Islamismus, sondern der ganzen Welt – vor allem aber sich selbst – zu zeigen, dass man zwar verletzbar, aber nicht zu besiegen sei. In einem Wettbewerb zum Neubau am Ground Zero gewann Daniel Libeskind 2003 den ersten Preis mit einem semantisch hochgradig kodierten Entwurf für ein Hochhausensemble aus vier Türmen mit einem höchsten Turm als höchsten Turm der Welt, mit Antenne 541 Meter = 1776 Fuß hoch, – zur Erinnerung an das Gründungsjahr der Vereinigten Staaten von Amerika in Philadelphia 1776 und an die seinerzeit dort unterschriebene *Declaration of Indepence* geradezu beschwörend *Freedom Tower* genannt, noch dazu in Gestaltanalogie zur Statue of Liberty. Die Türme sollten in einer aufsteigenden Spirale um den Ort der zerstörten Twin Towers errichtet und deren Standfläche zu Memorials gestaltet werden, zugleich mit ihren abgeschrägten Dächern nach unten auf den Ort der Memorials weisen, den die Sonne jährlich am Tag und zur Stunde des Terroraktes erleuchten sollte – zum Gedenken an die Opfer.

Diese nationale und zugleich kosmische Interpretation des Ortes schien dem offiziellen politischen Bedürfnis jener Jahre am Besten entgegenzukommen, die Rolle der USA als Macht im Kampf um die Freiheit in der Welt – gerade am Ort des Nine Eleven in New York – baulich symbolisch wiederherzustellen, bot diese Lösung doch zugleich eine zusätzliche Legimitation für das zuvor schon aus Gründen ökonomischer und politischer Beherrschung des Vorderen Orients in Aussicht genommene militärische Eingreifen gegen »islamistischen Terror«, ja gegen das »Böse« in der Welt überhaupt, psychologisch populär zu machen und 2003 tatsächlich in die Tat umzusetzen – ohne den erhofften politischen Erfolg im Irak, auch anschließend nicht in Afghanistan, und ohne den geplanten architektonischen Erfolg am

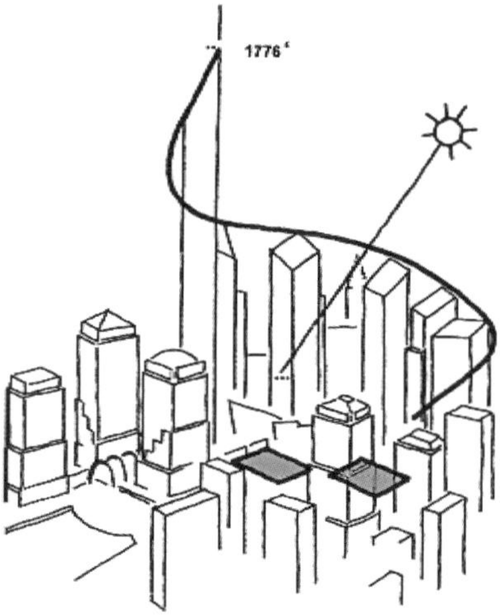

Daniel Libeskind: Entwurfsidee für einen Freedom Tower

Ground Zero in Manhattan! Selten in neuerer Zeit sind Projekte von Architektur und Politik in einer derartig engen Kopplung entstanden und haben gemeinsam eine solche Niederlage erlebt.

Inzwischen ist am Ground Zero der Weg von überspannter Ideologie zu machbarer Realität beschritten worden. Der Bauherr Larry Silverstein, Pächter des im Besitz der Port Authority befindlichen Grundstücks des ehemaligen World Trade Centers, enthob Daniel Libeskind als leitenden Architekten, weil der ja noch nie Hochhäuser gebaut hätte, und berief bekannte Stararchitekten der aktuellen internationalen Hochhausszene für den Bau eines neuen World-Trade-Center-Ensembles mit vier Türmen: seinen Lieblingsarchitekten David Child von SOM für Tower One sowie für das gesamte Ensemble, Sir Norman Foster für Tower Two, Richard Rogers für Tower Three und Fuhimo Maki für Tower Four. Erhalten aus dem Entwurf von Libeskind blieb der neue, um die Memorials herum gebildete große Stadtinnenraum, von dem aus die ältere Hochhausbebauung ringsum, vor allem die des World Financial Centers, ganz neu ins Blickfeld gerät. Darin liegt der eigentliche städtebauliche Gewinn an diesem Ort.

Wer die Türme nutzen wird, war bei Beginn der Bauarbeiten weitgehend noch unbekannt. Als Investorenarchitektur geplant, müssen sie ihre funktionelle Be-

Entwurf des Freedom Towers am Ground Zero in der Skyline von Manhattan

stimmung erst noch finden. Das Projekt für die Memorials stammt von Michael Arad und Peter Walker. Das im Rohbau schon errichtete kleine Museumsgebäude zwischen den Memorials entwarf Davis Brody Bond. Das Projekt für den noch zu bauenden Bahnhof – Rail Road und Subway – stammt von Santiago Calatrava.

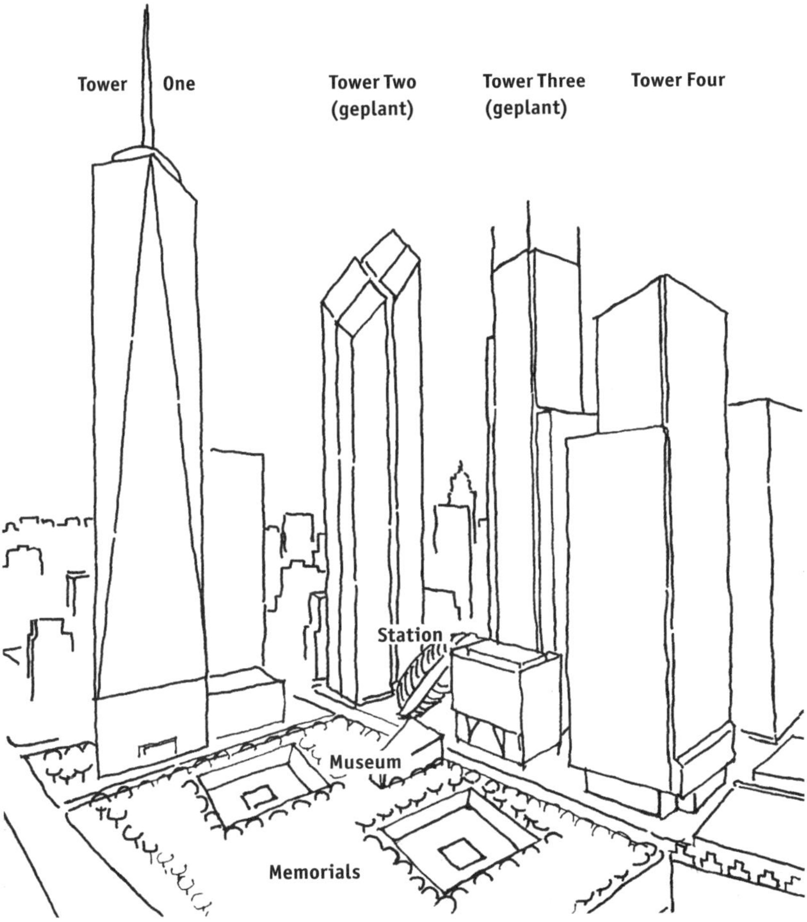

Bestätigter Entwurf für ein neues World Trade Center am Ground Zero

Tower One wird als Bauwerk so hoch sein wie der größere Turm des alten World Trade Centers, also 417 Meter, mit Antenne 541 Meter, ohne dass jemand noch vordergründig an das Jahr 1776 denkt und sich der überhaupt nur intellektuell begreifbaren, ästhetisch aber nicht erlebbaren Beziehung der Zahl 1776 als Jahreszahl und zugleich als Maßzahl zu vergewissern hat. Der Turm heißt inzwischen auch schon nicht mehr Freedom Tower. Und außerdem: Höchster Turm der Welt, mit 828 Metern Höhe, ist inzwischen der Burj Khalifa in Dubai. So wird das neue World Trade Center, wie anfangs beabsichtigt, kein neuer Schritt zur Spitze der Hochhausentwicklung in der Welt, sondern, freilich nur vorerst, von New York sein – dies aber durchaus an einem Ort wechselvoller Geschichte: mit würdigem Gedenken der Vergangenheit, frei von anmaßender Beschwörung der Zukunft. Und das ist gut so.

Geblieben von dem Bestreben aus diesen ersten Jahren nach dem Nine Eleven, das höchste Gebäude der Welt zu bauen, ist die Unsitte, dass in den USA seitdem – entgegen weltweit geltender und zuvor selbst beachteter Regel – die Bauhöhe von Hochhäusern einschließlich der auf ihnen errichteten Antennenmasten bemessen wird. So wird der 2009 errichtete Bank of America Tower in Midtown nicht mit seiner Bauhöhe von 288 Metern, sondern mit seiner Höhe inklusive kräftig ausgebildeter und nachts beleuchteter Antenne von 366 Metern angegeben.

Das neue World Trade Center in seinem inneren stadträumlichen Kontext

Der neue Stadtraum mit den Memorials

Das neue World Trade Center in seinem äußeren stadträumlichen Kontext

Hochhausarchitektur: Gestalt und Stil

Die Architektur von New York ist vielfältig – wie kaum in einer anderen Stadt der Welt. Bis zum Ende des 19. Jahrhunderts und noch darüber hinaus sind ihre europäischen Wurzeln nicht zu übersehen. Das gilt für städtische Wohnbauten wie für die öffentlichen Bauten in Manhattan.

Alte Wohnhäuser am Broadway, Midtown

- Wohnbauten entlang der parzellierten Straßen folgten im 19. Jahrhundert größtenteils dem Vorbild der englischen *row houses* – in einfacher Form zum Beispiel am Broadway in Midtown und West Broadway in Downtown, in reicherer Form am Washington Square.

- Kirchenbauten orientierten sich vorzugsweise am Vorbild der europäischen Gotik und Neogotik – wie zum Beispiel die St. Patrick's Cathedral in der Fifth Avenue in Midtown, 1853 begonnen, mit den Türmen 1888 fertiggestellt, ebenso die Cathedral of St. John the Divine in den Morningside Heights, geplant als die größte gotische Kirche der Welt, 1892 begonnen, jedoch nie fertiggestellt, sowie unweit entfernt davon die 1931 gebaute Riverside Church.

St. Patrick's Cathedral, 1888

Cathedral of St. John the Divine, Hauptportal

Cathedral of St. John the Divine, 1892

Alte Wohnhäuser am West Broadway, Downtown

Alte Wohnhäuser am Washington Square

St. Patrick's Cathedral, Innenraum

Riverside Church, 1931

Riverside Church, Innenraum

Grand Central Terminal, 1913

- Repräsentationsbauten öffentlicher Einrichtungen der Stadt folgten zumeist dem Vorbild der überall in Europa im Sinne von Beaux-Arts verbreiteten Neo-Stile der Renaissance und des Klassizismus, wie etwa das Hauptgebäude der Columbia University von 1879 in den Morningside Heights, die New York Public Library von 1911, aber auch der Grand Central Terminal von 1913, beide in Midtown.

Im Unterschied zu all diesen europa-historischen öffentlichen Repräsentationsbauten sind die Hochhäuser für Büros, Hotels und Wohnungen – wie auch immer gestaltet – eine amerikanische Erfindung aus Chicago und New York. Ihre geometrischen Grundformen sind Block, Scheibe und Turm.

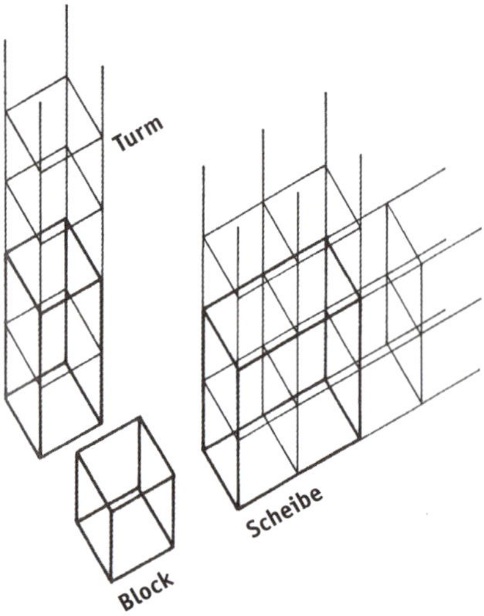

Geometrische Grundformen von Hochhäusern

New York Public Library, 1911

Columbia University, 1879

Materiell-technische Voraussetzung des Hochhausbaus waren zum einen der Übergang von Gusseisentragkonstruktionen zu Stahlskelettkonstruktionen im Geschossbau in den Siebziger- und Achtzigerjahren des 19. Jahrhunderts und zum anderen die Nutzung der Elektrizität zum Betrieb moderner Haustechnik: in erster Linie für Personenlifts, ebenso für Beleuchtung, Heizung und Belüftung wie auch zur Telekommunikation. Dieser Schritt kann in Manhattan gut beobachtet werden: als Entwicklung von den fünf- bis sechsgeschossigen und für Gewerbezwecke oft großflächigen Gusseisenbauten – den **Cast Iron Buildings** – im Stadtteil SoHo (South of Houston Street) zu den immer höher werdenden vielgeschossigen Stahlskelettlhochhäusern für Bürozwecke – konkret:

Park Row Building, 1899

- vom blockartig gestalteten Haughwout Building am Broadway, Ecke Broome Street, aus dem Jahr 1857, ausgestattet mit einem mit Dampf betriebenen Personenlift der Firma Otis, dem ersten Personenlift überhaupt, bis hin

- zu den Hochhäusern um 1900, wie dem Park Row Building von 1899, mit den aufgesetzten Kuppeln 116,5 Meter hoch, dem Flatiron Building von 1902, 91,5 Meter hoch, und dem nahe der alten City Hall vom Anfang des 19. Jahrhunderts gelegenen Municipal Building von 1913, mit Turm 177 Meter hoch.

Historisch betrachtet sind die fünfgeschossigen Cast Iron Buildings die modernen Vorläufer der Stahlskeletthochhäuser.

Flatiron Building, 1902

Angesichts der vielen Bürohochhäuser seit 1900 waren die mehrgeschossigen Cast Iron Buildings hundert Jahre später so gut wie vergessen, bis erkannt wurde, wie gut sie sich eignen, wenn sie, vor allem wegen ihrer großen Räume im Erdgeschoss, zu attraktiven Shops und Ateliers, Galerien und Museen ausgebaut werden. Heute gehören sie zur Zierde von SoHo und ganz New York.

Cast Iron Building in SoHo am Broadway

Haughwout Building am Broadway, 1857

City Hall, 1812

Municipal Building, 1913

Cast Iron Buildings in SoHo

Cast Iron Building, Innenraum

- Eine besondere Rolle spielten auch die **gotisierenden Turmhochhäuser**, wie etwa der Liberty Tower an der Liberty Street von 1909, 33 Geschosse hoch, heute im Schatten der inzwischen entstandenen Hochhaustürme ringsum kaum noch zu sehen, und nicht zuletzt das von Cass Gilbert entworfene Woolworth Building am Broadway, City Hall Park, von 1913, 231 Meter hoch.

Woolworth Building am Broadway, 1913

Quelle: Bruno Flierl, Hundert Jahre Hochhäuser. Hochhaus und Stadt im 20. Jahrhundert. Berlin 2000.

Die nach 1900 im ersten Hochhausschub in New York errichteten gotisierenden Hochhäuser entstanden in bewusster Konkurrenz zu den neogotischen Kathedralen der Stadt – nicht nur der Höhe nach, sondern auch in der Gestalt: als die neuen Kathedralen des ökonomischen Fortschritts. Nicht zufällig erhielt deshalb das Woolworth Building den Namen *Cathedral of Commerce*. Im Unterschied zu den Türmen gotischer Kathedralen diente dem 1909 am Madison Square Park errichteten Metropolitan Life Tower (kurz: MetLife Tower) der Markusturm in Venedig als Vorbild. Er war einer der ersten nahezu freistehenden schlanken Bürohochhaustürme.

Liberty Tower in der Liberty Street, 1909

Metropolitan Life Tower, 1909

Woolworth Building
(Cathedral of Commerce)

Die meisten der in den Zwanziger- und Dreißigerjahren des vorigen Jahrhunderts, also im zweiten Hochhausschub in Manhattan, errichteten Hochhäuser folgten dem – sonst nirgends in der Welt so stark ausgebildeten – Stil des **Art déco**, zumeist verbunden mit edlem Bauschmuck. Beispiele dafür sind an der 42nd Street East:

- das Chanin Building von 1929 an der Ecke zur Lexington Avenue mit bemerkenswerter Reliefgestaltung an der Außenwand,
- das Daily News Building von 1930 mit seinem Schriftrelief über dem Eingang,
- vor allem aber das Chrysler Building von 1930 mit seinem schlanken Turm von 319 Metern Höhe, geschmückt mit dekorativen Elementen in Formanalogie zu Chrysler-Automobilen mit ihren typischen Radkappen und Chromadlern auf der Kühlerhaube – sowie mit einer von drei Straßenseiten her zugängigen Lobby, die mit Marmor und Chrom prachtvoll ausgestaltet ist.

Chanin Building, 1929

Chanin Building, Eingang 42nd Street

Chrysler Building, Eingang Lexington Avenue

Chrysler Building, daneben neuere Hochhäuser

Chrysler Building, Lobby

Zur Hochhausarchitektur des Art déco in Manhattan gehört vor allem:

- das **Empire State Building** von 1931, das damals höchste Hochhaus in der Stadt und in der Welt, berühmt auch durch seine Lobby mit der großen Bildintarsie des Gebäudes. Die Architekten des Gebäudes waren Shreve, Lamb and Harmon.

Turmspitze

Empire State Building von der Fifth Avenue

Lobby

Skyline mit dem Empire State Building, Blick vom Helikopter über den Hudson River

Empire State Building
im urbanen Kontext

- Zur Architektur des Art déco zählt nicht zuletzt auch das 1932 bis 1940 gebaute **Rockefeller Center** zwischen der Fifth und Sixth Avenue mit seinen vertikal und horizontal gerichteten Gebäudescheiben, teilweise mit dem Bild von Setbacks an den Seiten dekorativ flächig gegliedert und an den Eingängen mit Skulpturen bildkünstlerisch betont – so am Eingang zum Hauptgebäude an der Rockefeller Plaza – mit dem Relief *Weisheit* und an der Lower Plaza, direkt an der Eisbahn, mit der goldenen Skulptur *Prometheus*, aber auch mit der Skulptur *Atlas* am Nebeneingang gegenüber der St. Patrick's Cathedral an der Fifth Avenue.

Rockefeller Center, Hauptzugang

Die Architektur des Art déco in New York Ende der Zwanziger- und Anfang der Dreißigerjahre unterscheidet sich vorteilhaft von der in anderen Ländern der Welt zu gleicher Zeit allein schon dadurch, dass sie nicht wie in Deutschland und in der Sowjetunion zum Staatsstil politischer Macht – auch nicht wie beim Pentagon in Washington zum Ausdruck militärischer Macht – geworden ist, sondern zum Ausdruck einer zeitgenössischen Großstadtgesellschaft mit Bauten der Kultur und des Business – fast durchweg bereichert durch bildende Kunst.

Hauptgebäude mit Kunstwerken

Ein weiteres besonderes Beispiel für die Architektur des Art déco – nämlich wegen seines Bauschmucks – ist das **General Electric Building** von 1932, Ecke Lexington Avenue und 52nd Street. Selten ist eine Ziegelwand so wirkungsvoll gestaltet worden. Aber erst im Blick aus der Park Avenue ist dieses Gebäude mit seinem schlanken Turm so recht zu überblicken, oben auf skulptural bekrönt.

General Electric Building, skulpturale Turmkrone

General Electric Building und Hotel Walldorf Astoria, Blick aus der Park Avenue

Rockefeller Center, Nebeneingang

Hauptgebäude mit Setback-Fassade

Relief *Weisheit*

Skulptur *Prometheus*

General Electric Building, Ecke 52nd Street und Lexington Avenue

General Electric Building, 52nd Street, gestaltete Ziegelwand

Moderne Architektur, wie sie in Europa seit den Zwanzigerjahren – auch im Hochhausbau – projektiert und realisiert worden ist, fasste in den USA zuerst mit Beginn des dritten Hochhausschubs nach dem Zweiten Weltkrieg Fuß: in Chicago und in New York, nicht zuletzt durch direkten Einfluss ausländischer Architekten wie Le Corbusier, Oskar Niemeyer, Mies van der Rohe und andere. In New York zeugen davon viele der gläsernen Skelettbauten, darunter vor allem:

- das UN-Hauptquartier, von 1949 bis 1953 erbaut, als vertikale große Hochhausscheibe, 163 Meter hoch, durch seine Lage am East River räumlich bewusst abgesetzt von der dicht bebauten Stadt der Hochhaustürme von Midtown und dadurch vorteilhaft betont – stadträumlich und architektonisch wirksam bis heute, geplant unter der Leitung von Wallace K. Harrison mit Le Corbusier und Oskar Niemeyer,

- mitten in der Stadt der Türme, an der Park Avenue, das Seagram Building von Mies van der Rohe aus dem Jahr 1958, das zum Typus vieler folgender Hochhäuser wurde,

- schräg gegenüber an der Park Avenue das nach einem Projekt von Gordon Bunshaft von SOM bereits 1952 errichtete Lever House als erstes Gebäude mit einer Glasvorhangfassade, ebenfalls stilbildend für die folgenden Jahrzehnte moderner Architektur.

UN-Sekretariatsgebäude

Lever House von Gordon Bunshaft, SOM

Seitdem wurden die Sechziger- und Siebzigerjahre zu Jahrzehnten der modernen Architektur im Hochhausbau von Manhattan – allerdings nicht immer zum Vorteil der Stadt. Denn rücksichtslose Ökonomie brachte »Hochhauskästen« (»-kisten«) zustande, die bald auf öffentliche Kritik stießen.

Beispiele dafür sind nicht zuletzt die geradezu stadtbildfeindlichen Büro- und Bankgebäude an der Südostküste der Manhattan-Insel, also am einstigen Gründungsort der Stadt.

»Kisten und Kästen« im Financial District

Seagram Building von Mies van der Rohe

Quelle: Robert A. M. Stern/Thomas Mellins/David Fishman, New York 1960. Architecture and Urbanism Between

World Trade Center
Zustand nach Fertigstellung 1973 – noch ohne World Financial Center

World Trade Center, Zustand im Jahr 2000

Auch die 1968 bis 1973 errichteten überaus schlanken und hohen Twin Towers des World Trade Centers waren nicht durchweg beliebt. Sie erschienen vielen als zu abstrakt geometrisch und deshalb emotional zu kühl, aus einer Welt jenseits aller dreiteiligen vertikalen Gliederung in Basis, Schaft und Kapitell, wie sie bis dahin in traditioneller Analogie zur Säule fast allen Häusern, auch Hochhäusern, eigen war.

Daher nimmt es nicht Wunder, dass Künstler den Versuch unternahmen, die Twin Towers mittels projizierter Gestaltbilder geliebter Hochhäuser formal aufzuwerten: 1973 den einen Turm durch entsprechende Lichtschaltung nachts mit dem Bild des Empire State Buildings, 1976 beide Türme durch Bemalung der Außenflächen mit den Bildern des Empire State Buildings und des Chrysler Buildings, was in beiden Fällen nicht gelang.

Beleuchtung von Tower One, 1973
Vorschlag, nicht realisiert

Bemalung beider Twin Towers, 1976
Vorschlag, nicht realisiert

Quelle: Bruno Flierl, Hundert Jahre Hochhäuser.
Hochhaus und Stadt im 20. Jahrhundert, Berlin 2000.

Park Avenue Plaza Building

Citigroup Center und 599 Lexington Avenue

Nichtsdestotrotz kam es in den Achtzigerjahren zur Revision der bisherigen Moderne und zu ihrer Umwandlung in die **Spätmoderne** und **Postmoderne** – wie in aller Welt so auch in New York. Zur Spätmoderne mit skulpturalen Hochhausgestalten gehören unter anderem Bauten wie das Park Avenue Plaza Building und das Gebäude 599 Lexington Avenue an der Ecke 53rd Street gegenüber dem Citicorp Center, heute Citigroup Center. Zur Postmoderne mit ihren historischen Architekturzitaten und ihren oft überraschenden außerarchitektonischen Gestaltverfremdungen zählen unter anderem Bauten wie das von Philipp Johnson, einem Schüler von Mies van der Rohe, entworfene Lipstick Building (offizieller Name: 53rd at Third) in der Third Avenue wie auch das von ihm entworfene Sony Building in der Madison Avenue mit seinem oberen Chippendale-Abschluss, ebenso das von Helmut Jahn projektierte, einer gläsernen Säule ähnelnde Turmgebäude in der Lexington Avenue neben dem Chrysler Building wie auch das von Kevin Roche und John Dinkeloo projektierte Hochhaus 60 Wall Street im Financial District, das sich mit traditionellem Dachabschluss und gläsernen Säulen als durchaus nicht mehr modern darstellt.

Zum Wesen der Postmoderne in der Architektur gehört es, neue bauliche Gebilde durch bereits bekannte und semantisch schon kodierte alte Formen zu verfremden und dadurch einer neuen Bedeutung zuzuführen, das heißt: dem Neuen mit Anleihen aus dem Alten einen Wert zu geben, den es sonst nicht hätte. Eine beliebte Methode dafür ist, die aus der Geschichte der Architektur bekannte Identität von Konstruktion und Form zu negieren und so zum Beispiel tragende Säulen in Glas aufzulösen oder ein ganzes Gebäude als gläserne Säule erscheinen zu lassen oder aber nicht-architektonische Gegenstände wie etwa ein Teleskop oder einen *Lipstick* zu Gestalten der Architektur zu machen.

Lipstick Building

Sony Building

425 Lexington Avenue

60 Wall Street, aus der Pine Street

Postmodern ist auch das von Cesar Pelli entworfene Ensemble des World Financial Centers: eine Gruppe von Hochhäusern in Gestaltanalogie zu den Hochhäusern des Rockefeller Centers, statt schlanke Hochhausscheiben voluminöse Hochhaustürme mit je unterschiedlichen Dächern, aber gleicherweise mit bildhaft aufgesetzten Setback-Fassaden – mit dem Unterschied zu früher, dass die Gebäude nach oben hin durch größer werdende Fenster gläserner und damit leichter erscheinen. Der Weg von ursprünglich körperhaft gestalteten Setback-Bauten zu lediglich bildhaft gestalteten Setback-Bauten kann als Prozess einer doppelten Negation architektonischer Gestaltung begriffen werden – mit Verlust und Gewinn. Ein Vergleich mag das zeigen.

40 Wall Street (ehemals Bank of Manhattan Building) mit körperhaften Setbacks

Beekman Tower am Kopf der Brooklyn Bridge

Beekman Tower in der Beekman Street

Zur Postmoderne gehört natürlich auch der von Frank Gehry entworfene sogenannte Beekman Tower am Brückenkopf der Brooklyn Bridge im Civic Center, 2011 mit einer Höhe von 267 Metern fertiggestellt, ein vertikaler Turm mit darin streng geregelten »kurvigen« Fassaden, der dadurch freilich auffällt, aber nichts besagt, und höchstens als Eigenwerbung für seinen Architekten fungiert.

Die neueste Absage an die einstige »klassische« Hochhausmoderne – und damit an die Moderne der Twin Towers des alten World Trade Centers zeigen die Hochhäuser des neuen World Trade Centers: als voneinander skulptural unterscheidbare, aber alle fugenlos mit Spiegelglas bekleidete Gebilde, die nicht mehr gebaut, sondern nur noch bildhaft erscheinen und für den Betrachter zum Spiegel der

Rockefeller Center mit homogenen bildhaften Setbacks

World Financial Center mit differenziert bildhaften Setbacks

World Trade Center, Tower One und Four

ringsum liegenden Stadt werden, die sich für ihn auf seinem Weg ständig zu wandeln scheint. Durch diesen Faktor Zeit gewinnt der Betrachter neue Erfahrungen über den umbauten Raum der Stadt, den er durchschreitet. Das kann für ihn eine Bereicherung, aber auch eine Verwirrung bedeuten. Genau dies gehört zur Postmoderne hinsichtlich der Wahrnehmung von Gegenstand und Raum in Bewegung.

World Trade Center, Tower Four

Metropolitan Tower und Carnegie Hall Tower, dazwischen der City Spire

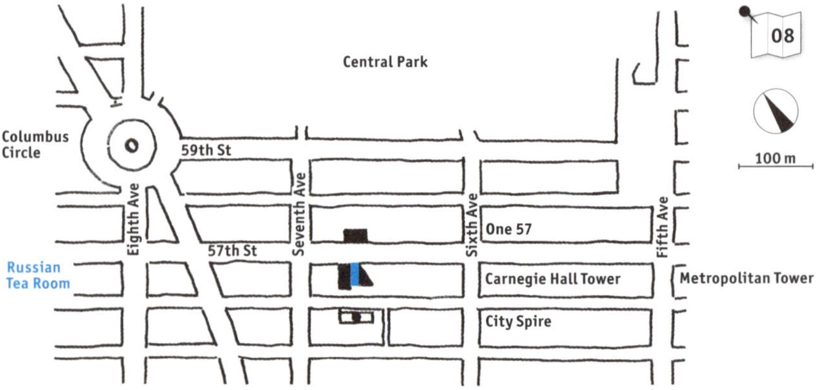

Lageplan des Russian Tea Rooms

Carnegie Hall Tower

Metropolitan Tower

One57 gegenüber

Immer wieder erstaunlich ist, wie selbstverständlich in Manhattan Gebäude aller Baustile und aller Bauperioden unvermittelt nebeneinander stehen – mit alten Wohnbauten als noch nützlichen Bauwerken in der Lücke zwischen neuesten Wolkenkratzern. Ein geradezu klassisches Beispiel dafür ist das alte fünfgeschossige – selbst schon umgebaute – Wohngebäude mit dem Russian Tea Room zwischen dem neu errichteten Carnegie Hall Tower und dem Metropolitan Tower in der 57th Street, 231 Meter und 218 Meter hoch – vis-à-vis des schlanken Wohn- und Hotel-Hochhauses One57 mit 306 Metern Höhe und vor dem in der 56th Street gelegenen City Spire, 248 Meter hoch. In dieser Lage ist es stadträumlich nur über seine benachbarten Hochhäuser als Hinweiszeichen auffindbar: von vorn in der 57th Street, von hinten in der 56th Street.

Nach Betreten des Russian Tea Rooms an der 57th Street bietet sich dem Gast ein Bild in Rot und Gold.

Gebäude mit dem Russian Tea Room

Innenraum des Russian Tea Rooms

Stadtgestalt und Stadtbild

Hochhäuser im Straßensystem von Manhattan

Wesentlich für die Funktion und Gestalt von Hochhäusern – nicht zuletzt für ihre Wahrnehmbarkeit und Wirkung im Stadtbild – sind ihre Orte im sozial-räumlichen System der Stadt. Da gibt es in der räumlichen Stellung der Hochhäuser im Straßensystem von Manhattan charakteristische Unterschiede zwischen dem Financial District in Downtown und in Midtown, aber auch Analogien an den Kreuzungen von Broadway und Streets.

Das stadträumliche System von Midtown und Downtown ist derart unterschiedlich, dass man meinte, in zwei Städten zu sein. Und tatsächlich: Da bilden zwei – historisch nacheinander entstandene – Teile ein Ganzes von Stadt, ohne ihre Unterschiede verloren zu haben. Und das ist faszinierend.

17 State Street, Eingang an der Pearl Street

Hochhäuser in den Straßen des Financial Districts

Da sich der Financial District als dicht bebauter Hochhauscluster auf dem Stadtgrundriss von Nieuw Amsterdam – dem Gründungsort von New York – entwickelte, sind die heutigen Hochhäuser in den überlieferten engen und krummen Straßen oft nur aus sehr kurzer Distanz zu sehen, wodurch sie an ihrem Ort stadträumlich nur äußerst unvollkommen zur Wirkung gelangen, dafür aber in der Regel mit ihren Spitzen im Blick nach oben.

Ein »optischer Weg« durch diesen Hochhauscluster macht das deutlich. Vom Battery Park aus, der vom Hudson River her den vollen Blick auf den Cluster freigibt, geht es an dem gläsernen Hochhaus 17 State Street in die enge Pearl Street, über die Broad Street hinweg, vorbei am alten Gebäude der Fraunces Tavern bis zur Coenties Alley.

Pearl Street, Fraunces Tavern

Financial District, Blick vom Battery Park in Richtung Bowling Green

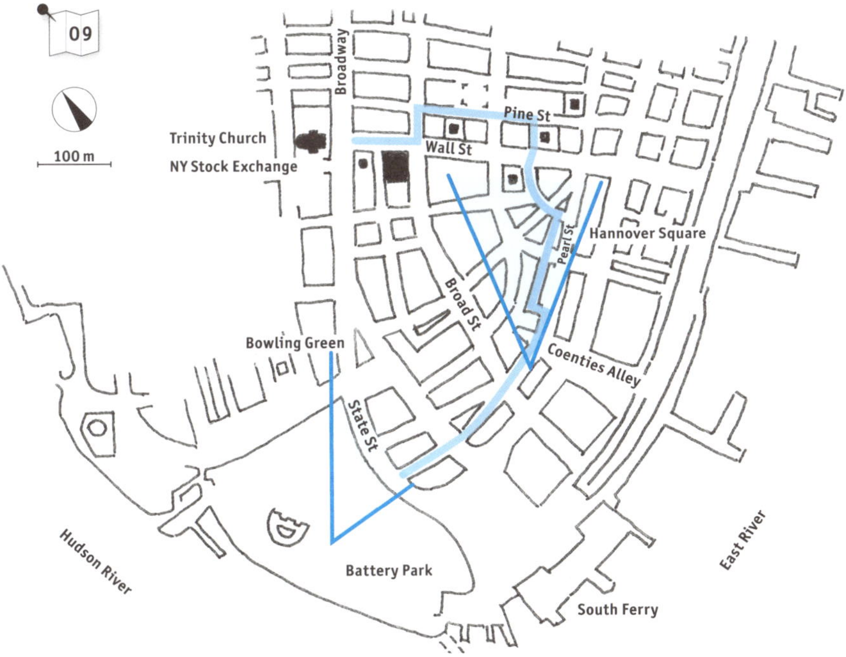

Lageplan des Financial Districts – Einzeichnung »optischer Weg«

Dort bietet sich in einem relativ kleinen Stadtinnenraum – für einen Moment – ein geradezu überraschend großartiger Ausblick auf vier große Hochhaustürme aus der Zeit der späten Zwanziger- bis zu den späten Achtzigerjahren des vergangenen Jahrhunderts: von links nach rechts auf den Hochhausturm der 40 Wall Street von 1930, auf den Farmers Bank Tower von 1930 in ebendieser Straße und auf das Hochhaus 60 Wall Street von 1987, ganz rechts auf das Cities Service Building, 70 Pine Street, aus dem Jahr 1929 – wie in einem Bilderbuch der Geschichte, gestört durch die inzwischen davor gebaute überschlanke Wohnhochhausscheibe von 2003. Der Weg von diesem Blickstandpunkt weiter zur Wall Street führt durch enge Straßen, zunächst durch die mit Gaststätten bestückte Stone Street und dann durch die Hanover Street zur Wall Street, noch immer mit dem Blick auf die Spitzen der Hochhäuser, bis in der Straßenschlucht der Wall Street der Turm der Trinity Church am Broadway – wie ein Gruß aus weit zurückliegender Vergangenheit – zu sehen ist. Gegenüber geht es weiter durch die Lobby der ehemalige Morgan Bank zur Pine Street, von der aus alle zuvor gesehenen Türme mit ihren Spitzen im Blick nach oben erneut, nun aber von rückwärts zu sehen sind – bis zur Ecke Pine Street und Nassau Street.

Blick auf schlanke Bürotürme im Jahr 2000

Blick in die Stone Street

40 Wall Street

Blick in die Wall Street

Blick auf dieselben Türme heute, gestört durch eine 2003 errichtete Wohnhochhausscheibe

60 Wall Street

Eingang 60 Wall Street

An der Ecke Pine Street und Broad Street in Richtung Wall Street abbiegend treten die Federal Hall und das Gebäude der New Yorker Börse, der New York Stock Exchange, voll ins Bild, rings umgeben von Hochhäusern. Von dort ist es nicht weit bis zum Broadway – heraus aus dem unübersichtlichen Hochhauscluster, der in seiner Ganzheit nur vom Dach des ehemaligen World Trade Centers aus gesehen und begriffen werden konnte, was künftig sicherlich wieder möglich sein wird, sobald das neue World Trade Center errichtet und in Betrieb genommen sein wird.

Blick in die Wall Street auf die Federal Hall mit Bronzestatue von George Washington

Blick auf den Financial District vom alten World Trade Center im Jahr 2000

Blick aus der Pine Street auf die Hochhaustürme 70 Pine Street und 60 Wall Street

Blick auf den Hochhausturm 40 Wall Street, ehemals Bank of Manhattan Building

Hochhausriesen an der Ecke Wall Street und Broad Street

New York Stock Exchange

Broadway mit Woolworth Building

Kreuzung 42nd Street und Park Avenue im Blick vom Empire State Building

Hochhäuser in den Straßen von Midtown

Im Unterschied zum Financial District sind die Hochhäuser in Midtown an den gerade verlaufenden Avenues und Streets, obwohl fast ohne Unterbrechung dicht an dicht nebeneinander aufgereiht, gut zu sehen – hier im Blick vom Empire State Building entlang der 42nd Street quer über die Insel vom Hudson River bis zum East River und entlang der Park Avenue, die im Unterschied zu fast allen anderen Streets und Avenues von Manhattan beide als doppelspurig angelegte Fahrtrassen quasi das Achsenkreuz von Midtown bilden – mit dem Grand Central Terminal als ihrem Kreuzungspunkt. Die Schwierigkeit dieser Kreuzung allerdings ist, dass sich der Fahrverkehr der beiden großen Straßen wegen des Bahnhofsgebäudes nicht ebenerdig kreuzen kann, sondern in der Trasse der Park Avenue in beiden Richtungen erhöht um das Bahnhofsgebäude herum über die 42nd Street geführt werden muss. Das ist im modernen Verkehr von heute sicher lästig, wird aber als liebenswertes Relikt aus der Zeit Ende der Zwanzigerjahre noch immer angenommen. Damals nämlich wurde beim Bau des Helmsley Buildings 1929 als Blickpunkt der Park Avenue North vor dem Grand Central Terminal die Durchfahrt durch dieses Gebäude in beiden Richtungen bereits geschaffen. Eine einmalige Lösung, die heute mehr bewundert als praktisch gelobt wird – aber trotz des später zwischen Bahnhofsgebäude und Helmsley Building errichteten MetLife Buildings (Metropolitan Life Building), ursprünglich PanAm Building, als dominanter point de vue noch immer funktioniert. Die New Yorker, stets auf der Suche nach Neuem, reißen das Alte nicht unbedacht ab.

Hochgelegte Kreuzung am Grand Central Terminal im Jahr 1913

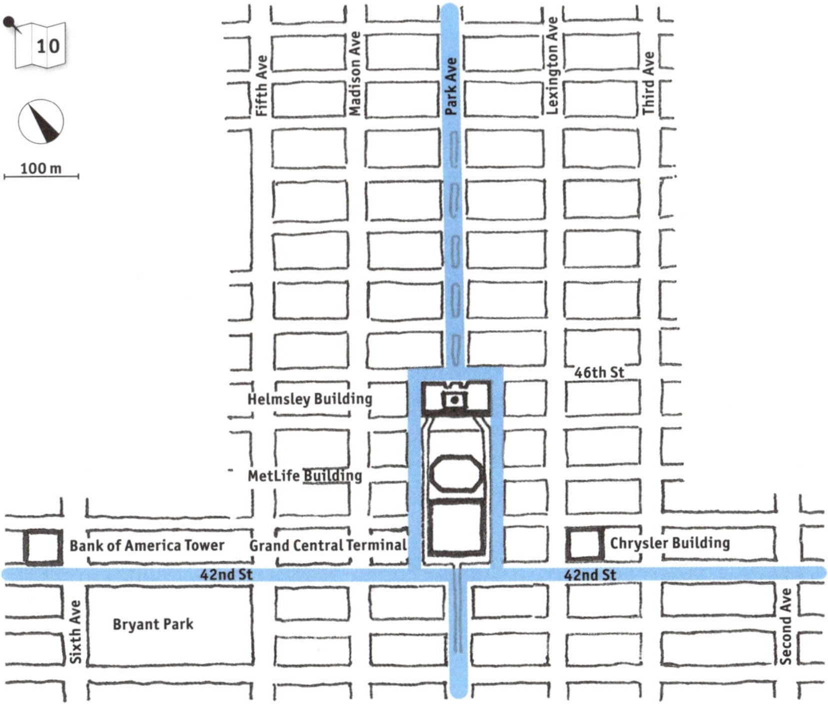

Lageplan der Kreuzung 42nd Street und Park Avenue

Grand Central Terminal mit hochgelegter Brücke an der Kreuzungs 42nd Street und Park Avenue

Wer an diesem Ort nicht schnell vorübereilt, sondern verweilt, der kann das in der riesigen und prächtig gestalteten Bahnhofshalle des Grand Central Terminals tun: Eingang und Ausgang für Reisende mit der Rail Road und mit der Subway und zugleich öffentlicher Treffpunkt für alle und jeden – Stadtbewohner und Touristen – und seit einigen Jahren noch besonders attraktiv gemacht durch eine Riesengaststätte unter der Bahnhofshalle, bevor alle wieder dem Ruf der unterirdischen Verkehrswege und der umliegenden, oberirdischen großen Straßen folgen.

Restaurant im Grand Central Terminal

MetLife Building hinter dem Grand Central, Blick aus der Park Avenue South

Helmsley Building mit Tordurchfahrten, Blick aus der Park Avenue North

Große Bahnhofshalle im Grand Central Terminal

Die Park Avenue North demonstriert sich von ihren Institutionen kapitalistischer Wirtschaftsmacht wie von ihrer Architektur her als die repräsentativste Hochhausstraße von Manhattan. Diese Exklusivität verdankt sie – als die Fourth Avenue – ihrer Lage zwischen der östlich von ihr gelegenen Lexington Avenue und der westlich von ihr gelegenen Madison Avenue, die beide überaus lebendige Großstadtstraßen mit tagtäglichem Business aller Art sind, in halber Entfernung zur Fifth Avenue und zur Third Avenue, abweichend von den sonst üblichen gleichen Abständen zwischen den Avenues im Straßennetz von Manhattan. Diese funktionellen und auch stadträumlichen Besonderheiten definieren den Charakter der Park Avenue North, gegenüber denen die Park Avenue South verblasst.

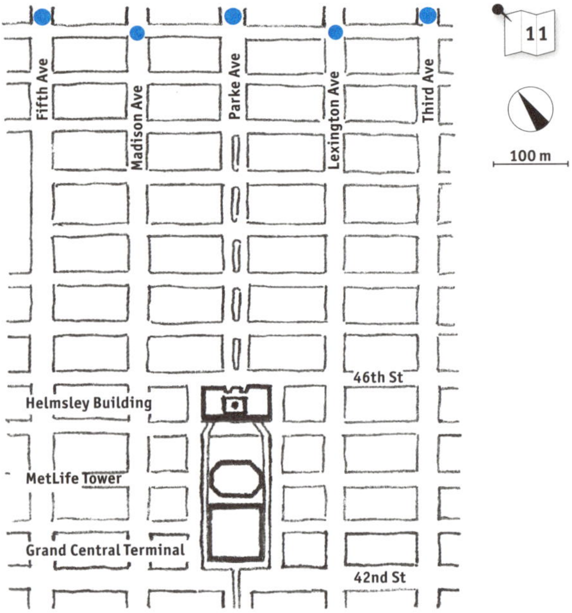

Lageplan der Park Avenue North

Ecke Park Avenue und 53rd Street mit Blick auf das Seagram Building (rechts)

Park Avenue North mit dem Helmsley Building und MetLife Building

Blick in die Park Avenue mit dem Lever House

Chrysler Building im Blick von der 42nd Street

Die 42nd Street, auf welche die Park Avenue North trifft, ist die funktionell aktivste Querstraße der Insel Manhattan zwischen Hudson River und East River. Sie ist es vor allem dank ihrer Bahnhöfe des öffentlichen Nahverkehrs: neben dem Grand Central Terminal und der zentralen Subway-Station am Times Square an der Kreuzung Seventh Avenue und Broadway, die beide über einen unterirdischen Shuttle miteinander verbunden sind, nicht zuletzt auch dank des Port Authority Bus Terminals an der Ecke Eighth Avenue, der mit dem Times Square allerdings nur zu Fuß – oberirdisch und unterirdisch – in Verbindung steht.

Die 42nd Street ist aber auch architektonisch die bedeutendste Querstraße von Manhattan. Die Hochhäuser in ihrem östlichen Teil stehen schon längere Zeit:

- das Chrysler Building und
- die am Ende der 42nd Street errichteten Wohnhäuser der Tudor City,
- ebenso die von dort sichtbaren Bauten an der United Nation Plaza sowie
- die Hochhäuser von Queens im Blick von der Brücke über die 42nd Street an der Ecke First Avenue nach Osten über den East River.

Gebäude der Tudor City

Sekretariatsgebäude der Vereinten Nationen

Blick von der Brücke über die 42nd Street zum East River und nach Queens

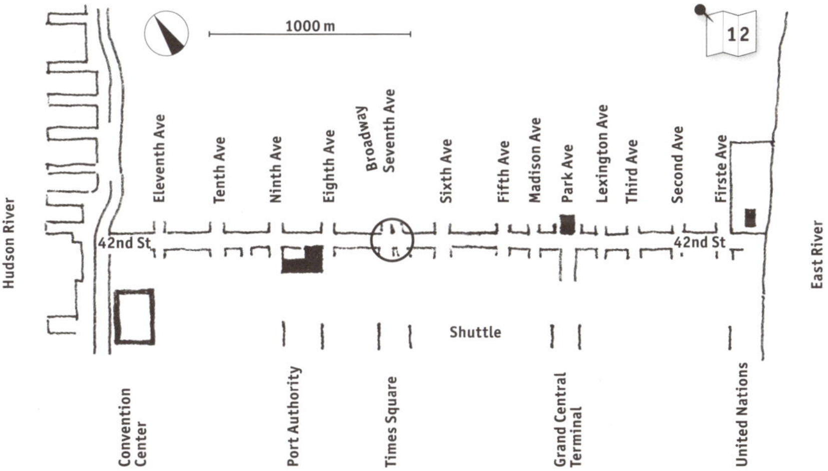

Lageplan der 42nd Street als Querachse von Midtown

- Von der Brücke über die 42nd Street an der Ecke First Avenue geraten aber auch in Richtung Westen die Hochhäuser von Midtown in den Blick.

Zu sehen sind ganz rechts: die Ford Foundation, geradeaus das Chrysler Building und der 2009 fertiggestellte Bank of America Tower, links eines der insgesamt zwölf Hochhäuser der Tudor City.

Blick von der Brücke am Ende der 42nd Street in die Stadt nach Midtown

Blick von der 12th Avenue am Hudson River in die 42nd Street

Die Hochhäuser der 42nd Street westlich des Times Squares sind zum größten Teil erst in den letzten zwei Jahrzehnten entstanden, nachdem die Stadt New York beschlossen hatte, das gesamte Gebiet vom Times Square bis zur 12th Avenue am Hudson River durch Gentrifizierung neu anzueignen und insbesondere von seinem »Drogen- und Sex-Charakter« zu befreien. Das ist der Stadt voll und ganz gelungen. Die neu errichteten Hochhäuser dienen zumeist Bürozwecken, Wohnzwecken und beherbergen Hotels. Viele der alten Gebäude sind saniert.

Hier sind zu sehen:

- die Hochhäuser entlang der 42nd von der 12th Avenue am Hudson River bis zum Times Square und
- die Hochhäuser an der Kreuzung 42nd Street und Eighth Avenue mit Blick auf die Südostecke und die Südwestecke, jeweils mit dem im ersten Stock angeordneten Busbahnhof Port Authority sowie über die Südwestecke und die Nordostecke der Kreuzung mit Blicken in die Eighth Avenue mit dem World Wide Tower.

42nd Street, Südostecke Eighth Avenue

42nd Street, Südwestecke Eighth Avenue

Blick in die Eighth Avenue mit World Wide Tower

42nd Street, Nordostecke Eighth Avenue

Ecke 42nd Street und Eighth Avenue, Blick in Richtung Times Square

Das höchste Gebäude an der 42nd Street, der mit Mast 366 Meter hohe Bank of America Tower an der Ecke zur Sixth Avenue, – gedacht als ihr point de vue aus beiden Richtungen – ist nicht unverdeckt zu sehen, da es in der Bauflucht der Straße verbleibt. Erst im Blick aus dem Bryant Park oder von oben erschließt es sich so recht in seiner stadträumlichen Bedeutung.

Bank of America Tower an der 42nd Street, Blick vom Bryant Park

Bank of America Tower an der 42nd Street, Blick vom Empire State Building

Hochhäuser an den Broadway-Kreuzungen

Relativ offene Ansichten der Stadtgestalt ergeben sich an den Kreuzungen des schräg zum rektangulären Straßenraster der Avenues und Streets von Manhattan verlaufenden Broadways.

Der Broadway ist mit mehr als 20 Kilometern die längste Straße von New York City. Er beginnt in Bowling Green auf der Südspitze der Insel, durchzieht – vorbei am Woolworth Building – ganz Manhattan und führt über die den Harlem River querende Broadway Bridge bis in die Bronx und sogar noch über die Stadt New York hinaus.

Auf der Insel Manhattan gliedert sich der Broadway in fünf Abschnitte, die sich, bei aller stadträumlichen Analogie, funktionell und architektonisch derart voneinander unterscheiden, dass bewusst wird, in welchem Maße der gesamte Broadway aus aneinander gereihten Teil-Broadways besteht: stadträumlich, funktionell und architektonisch.

Die Abbiegung des von Süden nach Norden verlaufenden Broadways an der Tenth Street ist städtebaulich durch die neogotische Grace Church markiert. Von dort ist in Richtung Süden das Woolworth Building zu sehen, in Richtung Norden geraten einige der Hochhaustürme von Midtown ins Bild wie das Empire State Building und die Türme am Madison Square Park. Von seinem Knick an der Tenth Street führt der Broadway bis zur 72nd Street schräg durch das rektanguläre Straßensystem von Midtown und kreuzt dabei sechs Avenues, von der Park Avenue South (Fourth Avenue) bis zur Ninth Avenue (Columbus Avenue). Alle diese Kreuzungspunkte sind besondere funktionelle Orte im Leben der Stadt und Höhepunkte stadträumlicher und architektonischer Gestaltung – allesamt erschlossen durch Subway-Bahnhöfe. Für sie alle ist charakteristisch die durchaus analoge, aber doch je besondere bauliche Ausbildung der Zwickel der sich spitzwinklig kreuzenden Straßen in beiden Richtungen, wobei dem Betrachter sowohl im Blick nach Norden als auch nach Süden der Broadway im Stadtbild immer links erscheint.

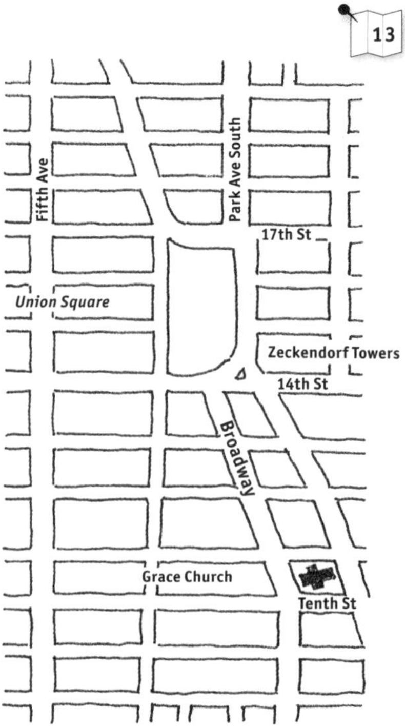

Lageplan des Union Squares

- Am Kreuzungspunkt des Broadways mit der 14th Street liegt der begrünte **Union Square**, darunter ein weitläufiger Subway-Kreuzungsbahnhof. An seinem östlichen Rand entstand in den Achtzigerjahren des vorigen Jahrhunderts ein neues Einkaufszentrum mit den sogenannten Zeckendorf Towers, von seinem südlichen Rand ist der Knick des Broadways an der Tenth Street erkennbar, an seinem westlichen Rand ist genügend Raum für den wöchentlichen Markt. Von dort geht der Blick in Richtung Norden entlang des Broadways zum Madison Square Park und weiter zum Times Square.

- Von der Broadway-Kreuzung am Union Square – ebenso am Madison Square Park – ist der Hochhauscluster von Midtown gut zu sehen (▶ Seite 94).

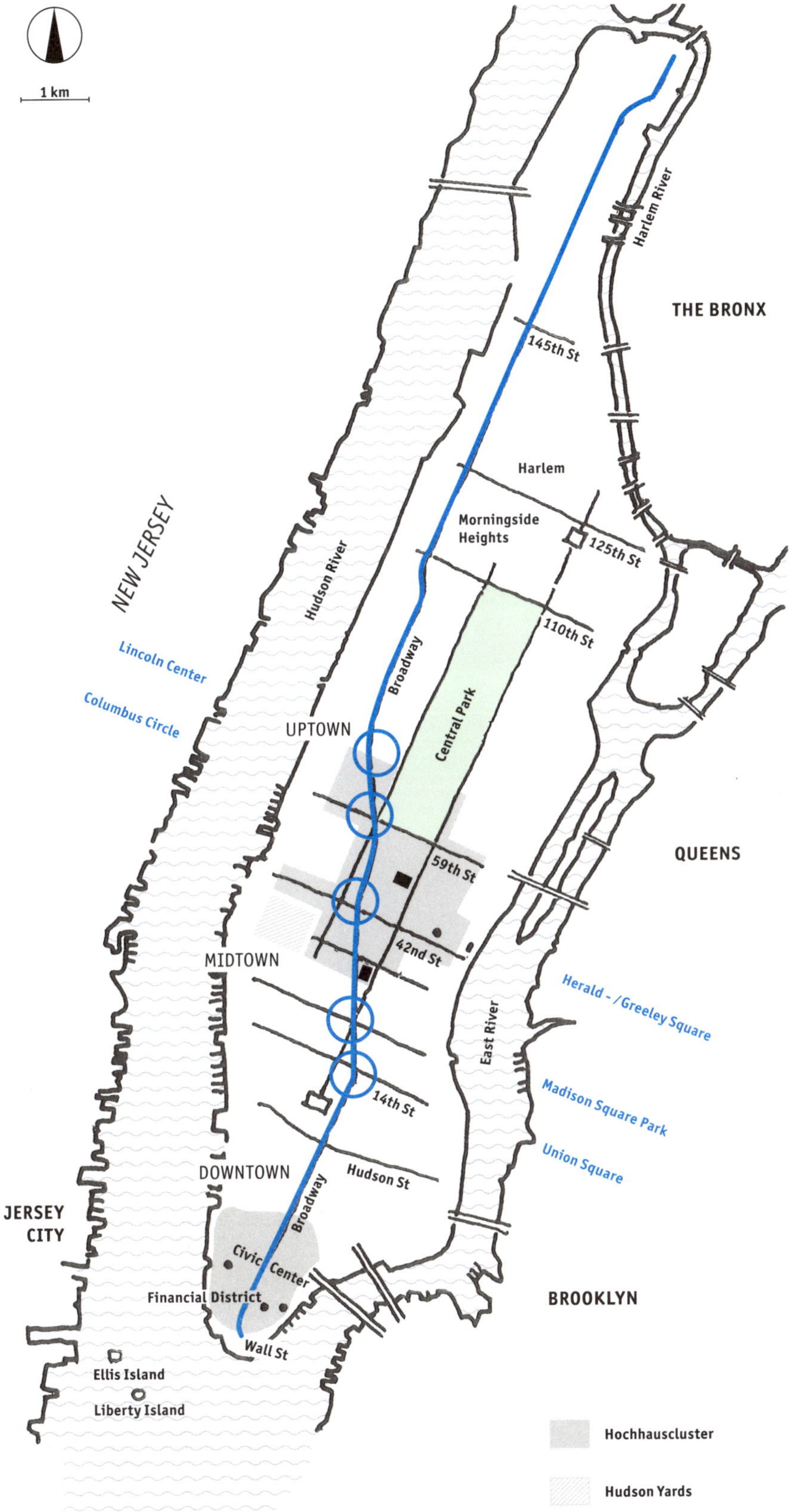

Stadtstruktur an den Broadway-Kreuzungen

Blick nach Süden zum Woolworth Building, Ecke Broadway und Tenth Street

Blich nach Norden zur Grace Church, Ecke Broadway und Tenth Street

Blick vom Broadway zum Union Square und den dahinterliegenden Hochhäusern

Flatiron Building mit benachbartem Wohnturm

- Der **Madison Square Park** am Kreuzungspunkt von Broadway und Fifth Avenue zwischen 23rd und 24th Street liegt östlich neben der Kreuzung, was im Blick aus dem tangential zum Platz verlaufenden Broadway gut erkennbar ist. Die markanten Gebäude am Platz sind im Osten der MetLife Tower und neben ihm andere Hochhäuser wie im Süden das Flatiron Building, seit einigen Jahren zu seinem Nachteil konterkariert durch einen schlanken und hohen Wohnhochhausturm. In Richtung Norden öffnet sich – im Straßenzwickel links – der Weg entlang des weiterführenden Broadways.

Blick vom Madison Square Park zum Empire State Building

Markt am Westrand vom Union Square

Flatiron Building

Lageplan des Madison Square Parks

Metropolitan Life Tower und benachbarte Hochhäuser am Madison Square Park

- An seiner Kreuzung mit der Sixth Avenue (Avenue of the Americas) bildet der Broadway zwischen der 33rd und 34th Street eine Doppelplatzanlage: den **Greeley Square** und den **Herald Square**. Gegenüber dem wenig belebten Greeley Square hat der Herald Square Bedeutung vor allem durch das an ihm gelegene Kaufhaus *Macy's* und – bei schönem Wetter – durch den davor geschaffenen Freisitz für Stadtbewohner und Touristen. Von dort sind in der Straßenschlucht des Broadway bereits die Hochhäuser am Times Square zu sehen.

Greeley Square

Vor dem Kaufhaus *Macy's* am Harold Square

Vor dem Haupteingang von *Macy's*

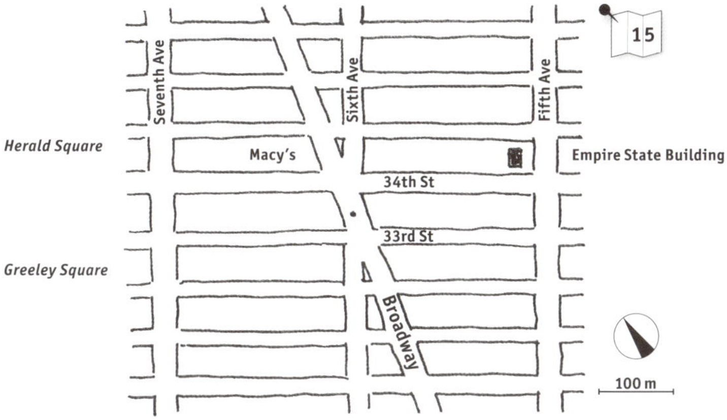

Lageplan des Harold Squares und Greeley Squares

Blick entlang des Broadways in Richtung Times Square

Broadway zwischen Harold Square und Times Square

- Am Times Square, der größten, funktionell bedeutendsten und städtebaulich-architektonisch interessantesten Kreuzung des Broadways im Straßenraster von Midtown, hier mit der Seventh Avenue in Höhe der 44th Street, sind die Straßenzwickel stadträumlich und baulich in beiden Richtungen am fantasievollsten gestaltet, nicht zuletzt durch mobile Leuchtwerbung. Am südlichen Zwickel, an der 42nd Street, stand als Solitär einst der 1907 gebaute, in der Gestalt dem Flatiron Building nicht unähnliche, Times Tower (heute One Times Square), der heute als Reklameträger umbaut und im Cluster der benachbarten Hochhäuser nicht mehr zu sehen ist. Auch der nördliche Zwickelbau fungiert im Stadtraum als riesiger Reklameträger, vor ihm befindet sich seit einigen Jahren eine Sitztreppe, die zur Aufenthaltsqualität des Platzes wesentlich beiträgt.

Times Tower von 1907 im Straßenzwickel der Kreuzung Broadway und Seventh Avenue

Quelle: Paul Goldberger, Wolkenkratzer. Das Hochhaus in Geschichte und Gegenwart, Stuttgart 1984

Blick nach Süden mit dem durch Werbung verhüllten alten Times Tower

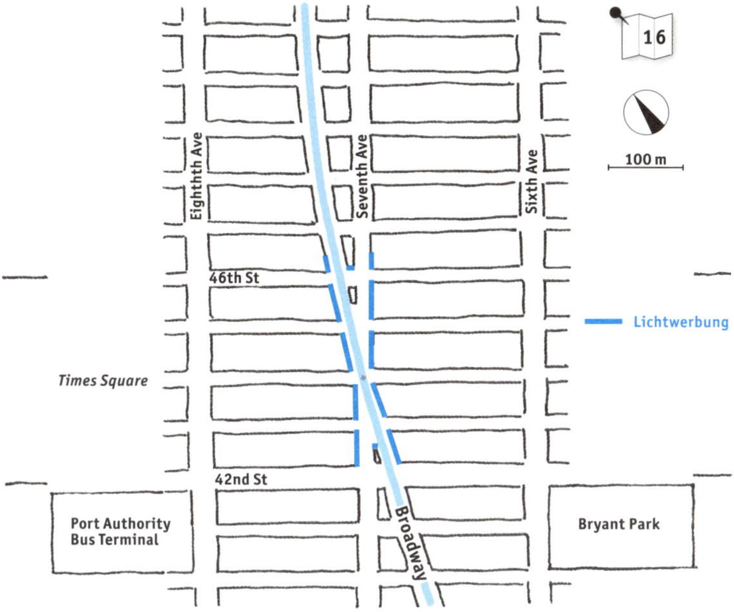

Lageplan des Times Squares

Blick nach Norden mit dem Straßenzwickel an der Kreuzung Broadway und Seventh Avenue

Von allen Orten in Manhattan war der Times Square seit jeher immer der lebendigste, anregendste und auch aufregendste. Zum Glück gibt es ihn nur einmal. Man kann ihn meiden – aber ab und zu auch aufsuchen. New Yorker müssen nicht immer dort sein, Touristen können diesen Ort einfach nicht umgehen. Dabei gibt es gar nicht so Vieles, was an diesem Ort praktisch zu erledigen wäre. Aber der Schauwert des Gebotenen ist das Attraktive an diesem Ort. Diese Attraktion hält an, bis der Betrachter merkt, dass ihm gar nicht mitgeteilt wird, was er braucht. Ja, bis er sich selbst sieht, gefilmt und live projiziert an eine der Platzwände – zur »Gaudi« für alle Anwesenden.

Nachts wird der Times Square zu einer einzigen Super-Show bunter und bewegter Bilder – der größten der Welt –, lichtelektronisch inszeniert als verselbstständigte Informationswelt vor den gebauten Platzwänden, die sie technisch tragen, selbst aber als Gebautes verschwinden, ja geradezu ausgeblendet werden.

Lichtwerbung wie am Times Square gibt es in diesem Ausmaß nirgends sonst in Manhattan. Die Annahme, New York City sähe überall so aus wie am Times Square, ist ein Irrtum.

Sitztreppe am nördlichen Straßenzwickel

Bruno Flierl und Jürgen Prange ...

Times Square ...

Stadtbild im Wandel ...

Bewegte Werbung an der Ostseite ...

... des Times Squares

... am Times Square, live gefilmt im Großformat

den Broadway entlang ...

von Norden nach Süden

- Der **Columbus Circle**, der Kreuzungspunkt des Broadways mit der Eighth Avenue (nach Norden: Central Park West benannt) auf der Höhe der 59th Street am südlichen Rand des Central Parks – mitten im Kreisverkehr das Denkmal zu Ehren Christoph Kolumbus' – hat durch das nach 2000 entstandene Time Warner Center, ein Doppelscheibenhochhaus von 262 Metern Höhe, nicht nur städtebaulich, sondern auch funktionell eine Aufwertung erhalten, die er zuvor so noch nicht hatte. Beachtliche Blicke stellen sich besonders vom Broadway aus auf den Kreuzungspunkt mit seinen gegenüberliegenden Zwickeln ein – sowohl von Midtown nach Uptown als auch umgekehrt nach Midtown in die Eighth Avenue und auf den Hochhauscluster südlich der 59th Street. Im Blick entlang der 59th Street dominiert das bereits erwähnte Doppelhochhaus des Time Warner Centers, das in seinem Inneren zu einer Art öffentlichen *city within a building* geworden ist – mit den Figuren *Mann* und *Frau* des kolumbianischen Bildhauers Fernando Botero, die den Besucher des Centers gleich am Eingang begrüßen.

Columbus-Denkmal in der Mitte des Platzes

Trump International Hotel and Tower, Ecke Broadway und Central Park West

Blick von Norden über den Columbus Circle auf die Bebauung der 57th Street

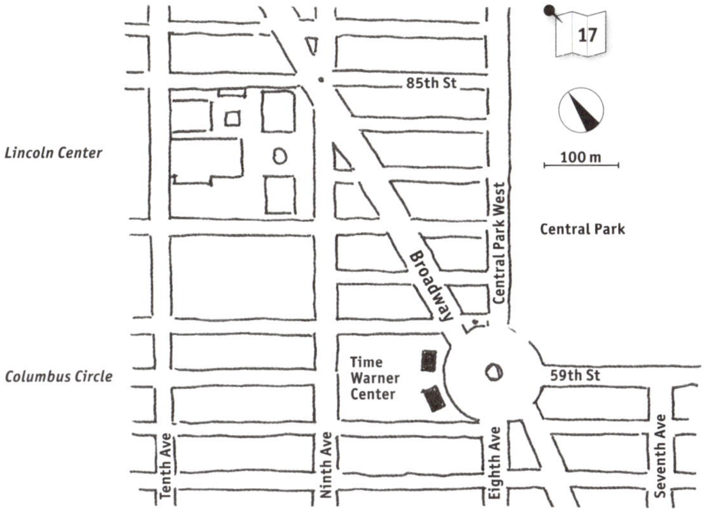

Lageplan Columbus Circle und Lincoln Center

Kreuzung Broadway und Central Park West...

...mit der Weltkugel

Time Warner Center am Columbus Circle

Time Warner Center mit *Mann* …

… und *Frau* von Fernando Botero

Lincoln Center mit New York State Theater, Metropolitan Opera und Avery Fisher Hall

Lincoln Center Plaza mit Vivian Beaumont Theater

- Schließlich liegt am Kreuzungspunkt des Broadways mit der Ninth Avenue in Höhe der 65th Street – nicht direkt, aber erkennbar nahe – das **Lincoln Center** for the Performing Arts mit Metropolitan Opera, New York State Theater und dem Konzerthaus Avery Fisher Hall, um einen Platz herum gruppiert und in der Skyline von Wohnhochhäusern umgeben. An diesen Platz schließt die Lincoln Center Plaza mit weiteren kulturellen Einrichtungen an und einer Skulptur von Henry Moore in ihrer Mitte.

Blick auf die Hochhausbebauung östlich des Lincoln Centers

Lincoln Center Plaza mit der Skulptur *Reclining Figure* von Henry Moore

Hochhausstadt Manhattan in Panoramaansichten

Panoramaansichten zur Wahrnehmung der Stadtgestalt der Hochhausstadt Manhattan ergeben sich von innen, von außen und von oben.

Ansichten von innen – aus Freiräumen

Geeignete Standorte für Panoramaansichten von innen liegen:

- im Bryant Park an der 42nd Street, von dem aus das Empire State Building gut zu sehen ist,
- und im Central Park, von dem aus in Richtung Süden die Hochhausstadt Midtown mit ihrer »inneren« Skyline im Blick erscheint: vom Time Warner Center am Columbus Circle, Kreuzung 59th Street und Eighth Avenue, über die Hochhäuser zwischen Seventh und Sixth Avenue hinweg bis zum Plaza-Hotel am Eingang zur Fifth Avenue (▶ Seite 108/109).

Blick aus dem Bryant Park auf das Empire State Building, davor das Radiator Building,

Blick aus dem Bryant Park mit der New York Public Library

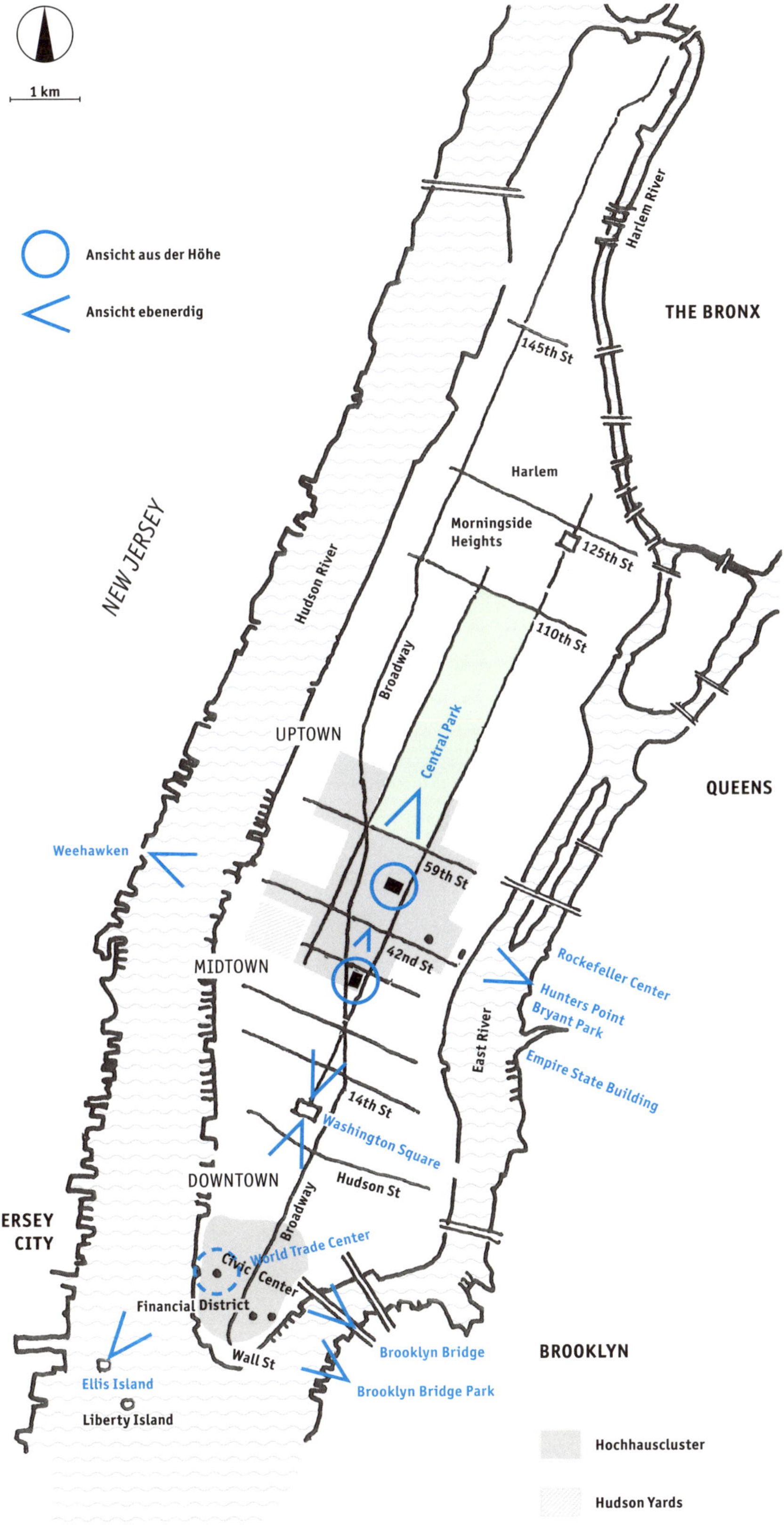

Standpunkte für Panoramaansichten von Manhattan

Panoramaansicht aus dem Central Park auf Midtown nördlich der Fifth Avenue

Panoramaansicht aus dem Central Park auf Midtown südlich der Fifth Avenue

Time Warner Center
ESSEX HOUSE

Sony Building
Trump Tower

- Die innere Skyline von Manhattan ist überraschend auch am **Washington Square** in Greenwich Village, also im Valley zwischen den Hochhausbergen von Manhattan, wahrzunehmen: mit Blicken auf das Empire State Building im Norden und das neue World Trade Center im Süden.

Blick von Queens in die 42nd Street mit Tudor City, Chrysler Building und UN-Hauptquartier

Panoramaansicht auf Midtown von Hunters Point am East River in Queens

Washington Square ... Blick nach Norden **... Blick nach Süden**

Ansichten von außen – aus großer Distanz

Geeignete Standorte für Panoramaansichten von außen finden sich an den jenseitigen Ufern der die Insel Manhattan umgebenden Flüsse: am East River und am Hudson River:

- **Midtown** ist am besten zu sehen von Hunters Point in Queens, direkt gegenüber der am East River endenden 42nd Street. Der Panoramablick reicht von dort über Midtown mit seinen markanten Hochhäusern – Chrysler Building, UN-Hauptquartier, Trump World Tower und City Group Center – bis zur Queensboro Bridge und den Wohnhochhäusern in Queens sowie ebenso in der anderen Richtung von der 42nd Street über die so gut wie verdeckte Spitze des Empire State Buildings und die sichtbaren Spitzen der Hochhäuser am Madison Square Park bis weit in den Süden von Manhattan zu den Türmen des neuen World Trade Centers.

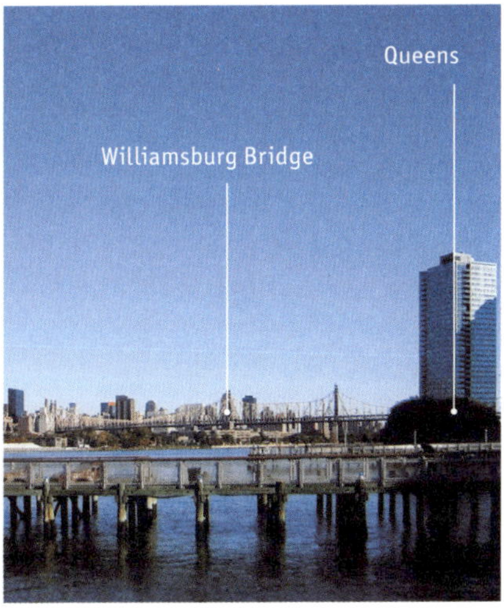

Panoramaansicht von Brooklyn Heights auf Manhattan mit Financial District, Civic Center und Brooklyn Bridge

- Der **Hochhauscluster des Financial Districts und des Civic Centers** ist von der gegenüberliegenden East-River-Seite aus zu sehen, am besten von Brooklyn Heights, wie auch auf dem Weg nach Manhattan über die Brooklyn Bridge. Von hier aus erscheinen auf der linken Seite der Financial District, geradeaus die Brückentore und die Bauten des Civic Centers, rechts die Manhattan Bridge und die weit entfernt gelegenen Hochhäuser von Midtown – also Stadtansichten auf die beiden Hochhausberge von Manhattan.

Civic Center mit Beekman Tower und Municipal Building im Blick von der Brooklyn Bridge

Financial District und Civic Center im Blick von der Brooklyn Bridge

Midtown und Manhattan Bridge im Blick von der Brooklyn Bridge

Panoramaansicht von Jersey City und Manhattan am Hudson River gegenüber

- Der Hochhauscluster an der Südspitze von Manhattan ist sehr gut auch von der gegenüberliegenden Hudson-River-Seite zu sehen – entweder von Ellis Island oder bei der Überfahrt dorthin, wobei auch von hier Midtown mit dem Empire State Building als weit entfernt liegender Hochhauscluster ins Bild tritt. Vor allem aber gerät das Gegenüber von Manhattan und Jersey City am Hudson River in den Blick, nicht zuletzt die Lage von Liberty Island mit der Statue of Liberty mitten im Fluss.

Statue of Liberty vor der Skyline von Jersey City und Manhattan

Financial District an der Südspitze von Manhattan im Blick vom Hudson River

Skyline mit dem Empire State Building

Panoramaansicht von Manhattan im Blick von Wheehawken in New Jersey

Panoramaansicht von Manhattan im künstlichen Licht im Blick von Wheehawken

- Eine totale Panoramaansicht auf die Hochhausinsel Manhattan ergibt sich von der New-Jersey-Seite des Hudson Rivers: von Wheehawken gegenüber Midtown – etwa vis-á-vis der 42nd Street. Von hier aus ist die Stadtgestalt von Manhattan aus der Fußgängerebene am besten wahrzunehmen: im Norden beginnend mit dem langsamen Ansteigen der Bebauungshöhe bis zum Beginn des Hochhausclusters von Midtown am Columbus Circle, erkennbar an den Doppelhochhausscheiben des Time Warner Centers, vorbei an den alten und neuen Hochhäusern von Midtown bis zum Empire State Building, das am Rand dieses Midtown-Hochhausclusters steht – danach der fast abrupte Übergang zu einer niedrigeren Bebauung im sogenannten Valley bis zum erneut kräftigen Anstieg der Bebauungshöhe an der Südspitze von Manhattan – von den Türmen am Civic Center bis zu den Türmen des World Financial Centers, mitten drin die neuen Türme des World Trade Centers. Nachts erscheinen die bedeutendsten Hochhäuser von Manhattan angestrahlt in gleißendem Licht – hier wiederum im Panoramabild von Norden nach Süden.

Es gehört zu den Merkwürdigkeiten des internationalen Tourismus, dass die Panoramaansicht von Manhattan, gesehen von der Jersey-Seite, so gut wie nie popularisiert wird und somit meist völlig unbekannt bleibt. Warum wohl? Weil Jersey City nicht zu New York City gehört oder weil es dort weniger zu kaufen gibt als in Manhattan?

Ansichten von oben – von den Observation Decks der Hochhäuser

Panoramaansichten von oben lieferten schon immer grandiose Bilder einer Stadt, aber auch Erkenntnisse über ihre stadträumliche und bauliche Gestalt, wie sie von unten, aus der Fußgängerebene, nicht zu gewinnen sind – in Manhattan und anderswo. Die Observation Decks an der Spitze der höchsten Gebäude der Stadt gehören – wie nirgends sonst in der Welt – in den Vereinigten Staaten, und besonders in New York, zur Stadtkultur, zur Stadtpolitik und zum Stadtmarketing – wie immer dieser Anspruch auch gewichtet sein mag. New York hatte vor dem Nine Eleven im Jahr 2001 zwei solcher bedeutsamen Observation Decks: auf dem Empire State Building und auf dem World Trade Center One, also den höchsten Turmbauten der zwei Hochhauscluster von Manhattan, einmal in Midtown, einmal in Downtown, von denen aus sie von den Besuchern über das zwischen ihnen liegende Valley hinweg gesehen werden konnten. Alte Bilder belegen das.

Da vorerst ein neuer Standort für Panoramaansichten in Downtown fehlt, richtet sich das Interesse der Stadtbesucher umso mehr auf die Panoramaansicht vom Observation Deck des Empire State Buildings, von dem aus noch immer am besten die Stadtgestalt von ganz Manhattan gesehen und begriffen werden kann. Aber auch der inzwischen neu aufbereitete Aussichtspunkt des Rockefeller Centers, *Top of the Rock* genannt, wird stark besucht, weil von ihm aus Midtown in seiner Stadtgestalt – von mittendrin her – gesehen und begriffen werden kann:

- Vom Rockefeller Center aus erschließt sich Midtown mit seinen Türmen in annähernd gleicher Höhe und erscheint greifbar nahe.
- Der Blick nach Norden trifft auf den Central Park mit seiner Umbauung und seinem großen Wasserbecken. Im Hintergrund links ist die George Washington Bridge über den Hudson River sichtbar.
- Der Blick nach Süden trifft auf Midtown mit Empire State Building und Downtown mit den Türmen des neuen World Trade Centers. Am Horizont erscheint die Verrazano-Narrows Bridge über die New York Bay, rechts im Hudson River Liberty Island mit der Freiheitsstatue.

Blick vom Rockefeller Center auf den Central Park

Blick vom Empire State Building auf das World Trade Center vor 2001

Blick vom World Trade Center auf Midtown vor 2001

Blick vom Rockefeller Center auf das Empire State Building

- Von der Aussichtsplattform des Empire State Buildings geht der Blick 100 Meter höher als vom *Top of the Rock* und dadurch auch übersichtlicher auf die Hochhausstadt Manhattan. Nach Norden ist nahezu der gesamte Hochhauscluster von Midtown bis zum Central Park zwischen Hudson River und East River zu sehen. Nach Süden rückt zwischen dem East River und dem Hudson River der gesamte Hochhauscluster des Financial Districts mit den Türmen des neuen World Trade Centers an der Südspitze von Manhattan und davor das von Hochhäusern weitgehend freie Valley zwischen den Hochhausbergen von Manhattan in den Blick – einschließlich dem südlichen Teil von Midtown mit dem Madison Square und seinen markanten Hochhäusern, dem Metropolitan Life Tower und dem Flatiron Building, wie auch mit dem Union Square – beide Plätze miteinander verbunden durch den schräg durch das rektanguläre Straßenraster verlaufenden Broadway. Nicht zuletzt gewinnt von diesem Blickstandort des Empire State Buildings die Insel Manhattan in ihrer Lage zwischen East River und Hudson River – getrennt von Queens und Brooklyn, ebenso von New Jersey – wie von keinem Ort sonst überzeugend an Gestalt.

- Das alles steigert sich bei nächtlicher Beleuchtung zur Faszination: Im Blick nach Süden leuchten am Horizont die angestrahlten Türme des neuen World Trade Centers zwischen den Lichtbändern von Brooklyn und New Jersey. Fast noch grandioser ist der Blick in die entgegengesetzte Richtung: im Blick vom Hudson River mit den Lichtern von New Jersey über den relativ dunklen Central Park bis zum East River mit den Lichtern von Queens – davor die hell erleuchteten und angestrahlten Hochhäuser: vom Times Tower an der Ecke Eighth Avenue und 42nd Street über die Hochhäuser mit den beleuchteten Masten zwischen Times Square und Sixth Avenue vorbei am hell angestrahlten Rockefeller Center zum Citygroup Center und zum strahlend aufleuchtenden Chrysler Building bis hin zu dem im Dunkeln fast nicht sichtbaren UN-Hauptquartier am Ende 42nd Street.

Blick vom Empire State Building am Tag nach Nord

Blick nach Süden

Blick bei Nacht nach Norden

Blick auf Manhattan aus dem Helikopter

Erst beim Flug über die Hochhausstadt Manhattan erschließt sich ihre Gestalt ganzheitlich, was hier nur teilweise dokumentiert werden kann. Von Süden her – über die New York Bay – offenbart sich dem Blick in Richtung Norden signifikant die Lage der Insel zwischen Hudson River und East River. Auf dem Flug von Norden nach Süden – den Hudson River entlang – zeigt sich die Insel Manhattan in ihrer Vielgestaltigkeit: mit ihren Hochhausclustern von Midtown und Downtown und dem Valley zwischen ihnen (▶ Seite 122–125).

Blick aus der Helikopterkanzel auf Midtown

Blick nach Süden den Hudson River entlang zwischen Manhattan und Jersey City

Blick nach Norden auf die Inselspitze am Zusammenfluss von Hudson River und East River

Blick auf den Hochhauscluster von Midtown und das Valley

Blick auf die Inselspitze mit dem Financial District und dem neuen World Trade Center

Blick auf den Hochhauscluster von Downtown

Walter Benjamin, der deutsche Kulturphilosoph, hat einmal Paris als die Hauptstadt des 19. Jahrhunderts bezeichnet. Analog dazu kann New York City als die Hauptstadt des 20. Jahrhunderts verstanden werden. Die Hauptstadt des 21. Jahrhunderts – sofern es einer solchen, ein ganzes Jahrhundert prägenden und symbolisierenden Stadt bedarf – wird gewiss weit jenseits von Paris und von New York in einem anderen Teil der globalisierten Welt liegen ...

Blick von der Inselspitze in den East River

Objektregister

Bibliografie

Chase, William Parker
New York the Wonder City 1932, New York 1982.

Fishman, David; Mellins, Thomas; Stern, Robert A. M.
New York 1960. Architecture Between the Second World War and the Bicentennial, New York 1995.

Flierl, Bruno
Hundert Jahre Hochhäuser. Hochhaus und Stadt im 20. Jahrhundert, Berlin 2000.

Goldberger, Paul
The City Observed. New York. A Guide to the Architecture of Manhattan, New York 1979.
The Skyscraper, New York 1982.
Wolkenkratzer. Das Hochhaus in Geschichte und Gegenwart, Stuttgart 1984.

Klotz, Heinrich (Hg.)
New York Architektur 1979–1990, München 1989.

White, Norval; Willensky, Eliot; Leadon, Fran
AIA Guide to New York City, New York 2010.

Zum Autor

Bruno Flierl
Jahrgang 1927, Dr.-Ing und Dr. sc. phil., lebt in Berlin. Er forscht und schreibt seit Beginn seiner Tätigkeit an der Bauakademie der DDR (1952–1980) zur Theorie und Geschichte der Architektur. 1962–1964 Chefredakteur der Zeitschrift *Deutsche Architektur*, 1980–1984 Dozent an der Humboldt-Universität zu Berlin. Seitdem arbeitet er als freiberuflicher Publizist zu Themen von Architektur und Gesellschaft.

Die Deutsche Nationalbibliothek verzeichnet diese Publikation in der *Deutschen Nationalbibliografie;* detaillierte bibliografische Daten sind im Internet über http://dnb.d-nb.de abrufbar.

ISBN 978-3-86922-158-8

DOM publishers

Lektorat
Inka Humann

Grafische Gestaltung
Nicole Wolf

Fotos und Zeichnungen
Bruno Flierl

Sonstige Abbildungen
Can Stock Photo: 6/7 (skopal), 8/9 (jovannig), 10/11 (lucidwaters), 48 m (SeanPavonePhoto), 108/109 u (dibrova); iStockphoto: 55 (Prill Mediendesign & Fotografie), 59 (sborisov), 65 o (Maikab), 96 u (ProArtWork); Library of Congress: 25 u; Meuser, Philipp: 14; Prange, Jürgen: 25 or, 30 m, 32, 34 o/m/ur, 35 ol, 36 o/m, 37 o/m, 47 o, 48 o, 49 or/m/ul/ur, 50, 52 m/u, 53 ml/ul/ur, 54 ur, 56 ul/ur, 57 ur, 58 ml, 60 ul, 61 ml/mr, 67 ur, 69 m/u, 71 ur, 74 ul, 75 m/u, 80 o/u, 81 ol/or/u, 84 o/ul/ur, 85, 86 o, 89 o, 92, 93, 96 o, 102 mr, 103 ml/ul, 106 u, 108 ol/om, 109 or, 116/117, 118, 119 u, 122 o, 123 o

Druck
Tiger Printing (Hong Kong) Co. Ltd., Shenzhen/China